Comte de FORBIN.

INVENTAIRE DES DOCUMENTS

CONCERNANT LA

MAISON DE FORBIN

CONSERVÉS CHEZ

M. LE MARQUIS DE FORBIN DES ISSARTS

PARIS
SOCIÉTÉ ANONYME DE PUBLICATIONS PÉRIODIQUES
13, QUAI VOLTAIRE, 13

1902

INVENTAIRE DES DOCUMENTS

CONCERNANT LA

MAISON DE FORBIN

CET OUVRAGE

TIRÉ A CENT EXEMPLAIRES

SUR PAPIER HOLLANDE

N'A PAS ÉTÉ MIS DANS LE COMMERCE

N° 100

Comte de FORBIN

INVENTAIRE DES DOCUMENTS

CONCERNANT LA

MAISON DE FORBIN

CONSERVÉS CHEZ

M. LE MARQUIS DE FORBIN DES ISSARTS

PARIS
SOCIÉTÉ ANONYME DE PUBLICATIONS PÉRIODIQUES
13, QUAI VOLTAIRE, 13

1902

AVANT-PROPOS

Il y a quelques mois paraissait l'Inventaire des titres de la maison de Forbin, conservés au château de Saint-Marcel (1). Le présent ouvrage en est le complément. Les longues et patientes recherches du Mis de Forbin d'Oppède lui avaient permis de réunir un ensemble unique de documents sur notre famille; je me suis ici borné à analyser les titres depuis longtemps conservés chez nous; quelques-uns se trouvent déjà dans l'Inventaire de Saint-Marcel, la plupart n'y figurent pas.

Les archives de notre branche furent en grande partie perdues pendant la Révolution. Ce qui en resta fut conservé depuis, soit à Avignon par Henri et Odon de Forbin, soit aux Issarts et à Paris par Gabriel Palamède et Henri Palamède de Forbin. — Une partie passa aussi à Amédée de Forbin, et doit par conséquent se trouver aujourd'hui à la Barben.

Les 1930 numéros des inventaires de Saint-Marcel et des Issarts ne comprennent pas, tant s'en faut,

---

(1) Marseille, imprimerie marseillaise, 1900.

tous les titres de notre maison. Il faudrait, pour les réunir, fouiller encore, soit dans les archives de nos cousins de Forbin Janson et de Forbin la Barben, soit dans les archives publiques et dans celles des notaires. J'ai rassemblé déjà, en vue de ce travail, une certaine quantité de matériaux : M. l'abbé Requin, le savant historien des anciens artistes d'Avignon, a bien voulu mettre à ma disposition le fruit de ses longues recherches dans les archives des notaires d'Avignon ; il voudra bien trouver ici l'expression de toute ma reconnaissance pour ses précieuses indications.

INVENTAIRE DES DOCUMENTS

CONCERNANT LA

MAISON DE FORBIN

I

MARIAGES

1. — *1463, 10 novembre.*

Contrat de mariage entre Louis de Merles, fils de Dragonet de Merles, et noble dame Catherine Forbin, fille de feu Jean Forbin et d'Isoarde. Fait à Avignon, Jacques Girard, notaire.

Extrait.

2. — *1527, 6 octobre.*

Contrat de mariage entre noble Vincent de Forbin, seigneur de la Fare, fils de feu noble Bernardin de Forbin, seigneur du château de Vicovento (?), et de noble Melchione de Cabanes, et noble Catherine de Oria, fille de nobles Blaise de Oria et Marguerite de Forbin; dot : 3.000 florins. Fait sur le territoire de Saint-Marcel, chez noble Charles Forbin. Pierre Morlany, notaire à Marseille.

2 extraits.

3. — *1573, 7 juin.*

Contrat de mariage entre Charles d'Arcussia, sieur d'Esparron, fils de Gaspard d'Arcussia, sieur d'Esparron, et de Marguerite de Glandevès, et Marguerite Forbine, fille de Gaspard Forbin, sieur de Janson, et de Marguerite de Pontevès. Dot : 5.000 écus de 4 florins. Fait à Aix, Abel Hugoleni, notaire.

N° 28, C. S.-M. (1).

4. — *1578, 25 mars.*

Contrat de mariage entre Jean Forbin, écuyer de la Fare, fils de Vincent Forbin, seigneur dudit lieu et baron d'Ansois, chevalier de l'ordre du roi, et de feue Catherine Doria, et Claire de Pérussis, fille de François de Pérussis, baron de Lauris, conseiller du Roi, et président en sa cour du Parlement de Provence, et d'Anne de Mainier, baronne d'Oppède. Dot : 5.000 écus d'or sol ; le fiancé donne en augment de dot 1.666 écus d'or sol 2/3 ; la terre et seigneurie de la Fare lui est assurée après la mort de son père, qui lui fera, sa vie durant, une pension de 500 écus d'or sol. Fait à Aix, dans la maison du seigneur de Lauris, Nicolas Borilli, notaire.

N° 29, C. S.-M.

5. — *1605, 17 février.*

Contrat de mariage entre François Forbin, sieur de la Fare, avocat en la cour, fils de feu Jean Forbin, sieur dudit lieu, et de Claire de Perussiis, baronne de Lauris, et Lucrèce de Barthèlemy, fille de Rollin de Barthèlemy, sieur de Sainte-Croix, et de Madeleine de Clapiers. Dot : la terre et seigneurie de Sainte-Croix, 2.000 écus et 100 charges de blé, dûes par la communauté de Sainte-Croix, sous la réserve des fruits pour le sieur de Sainte-Croix, qui devra faire une pension annuelle de 1.200 livres et loger les époux ; plus les droits de sa mère sur la succession de Jeanne d'Arlatan, sa grand'mère ; la baronne de Lauris donne

(1) Inventaire des titres de Saint-Marcel.

à son fils 2.400 livres de rente annuelle, et lui fera avoir un office de conseiller au Parlement. Fait à Aix, en la maison du sieur de Sainte-Croix, Raynaud, notaire.

N° 45, C. S.-M.

6. — *1634, 25 avril.*

Contrat de mariage entre André-Anne de Forbin, seigneur de Sainte-Croix, conseiller du roi en la cour des comptes, aides et finances, fils de feu François-Anne de Forbin, seigneur de la Fare, et de Lucrèce de Barthèlemy, dame de Sainte-Croix, et Catherine de Séguiran, fille d'Henry de Séguiran, seigneur de Bouc, premier président en ladite cour, et lieutenant général ès-mers de cette province pour le cardinal duc de Richelieu, et de Suzanne de Fabry, dame de Bouc. Dot : 36.000 livres, dont 3.000 de coffres, le fiancé donne 4.000 livres de bagues et joyaux. Diane de Barthèlemy, dame de Brée, donne à son neveu 15.000 livres à prendre sur ses biens. Il est fait mention de Vincent de Forbin, chevalier de Saint-Jean de Jérusalem, frère d'André-Anne. Fait à Aix, Augier, notaire.

N° 74, C. S.-M.

7. — *1665, 2 janvier.*

Articles de mariage entre Henry de Forbin de Barthellemy, seigneur de la Fare et de Sainte-Croix, conseiller au Parlement de Provence, et Marguerite de Galliens des Issars. Fait à Avignon. L'un des originaux, signé de Marguerite de Galléan des Issarts et de plusieurs de ses parents.

8. — *1665, 4 février.*

Contrat de mariage entre Henry de Forbin de Barthèlemy, seigneur de la Fare et de Sainte-Croix, conseiller au Parlement de Provence, fils d'André-Anne de Forbin, seigneur des mêmes lieux, et de Catherine de Séguiran, et Marguerite de Galliens des Issars, fille de Louis de Galliens, marquis de Salernes, seigneur des Issars, et de Marguerite de Pontevès de Buous ; dot : tous ses droits ; 6.000 livres de bagues et joyaux. Fait à Aix, Augier, notaire.

N° 100, C. S.-M.

9. — *1702, 31 mars.*

Articles de mariage entre Jean-Baptiste Renaud de Fourbin de Barthèlemy de Sainte-Croix, fils d'Henry de Fourbin de Sainte-Croix et de Marguerite de Galéans des Yssars, et Madeleine-Thérèse de Tache, fille de Marc-Antoine de Tache, seigneur du Devès, et de Madeleine de Roux. Dot : 60.000 livres. Fait à Avignon, dans la maison de M. de Tache; Sollier et Mantillery, notaires.

L'un des originaux, avec les signatures autographes des parties et des assistants ; exemplaire de M. de Tache.

N° 120, C. S.-M.

10. — *1702, 1ᵉʳ avril.*

Dispense de 2 publications, pour le mariage entre Jean-Baptiste Renaud de Forbin de Sainte-Croix, conseiller au Parlement, et Madeleine-Thérèse de Tache, accordée par Daniel de Cosnac, archevêque d'Aix. Certificat de publication du mariage à Saint-Sauveur d'Aix.

Original ; deux signatures de l'archevêque ; sceau.

11. — *1702, 7 avril.*

Contrat de mariage entre Jean-Baptiste Renaud de Forbin de Barthèlemy, seigneur de Sainte-Croix, fils d'Henry de Forbin, seigneur de Sainte-Croix, et de Marguerite de Galians des Issars, et Madeleine-Thérèse de Tache, fille de Marc-Antoine de Tache, seigneur du Devès, et de Madeleine de Roux. Dot : 60.000 livres, dont 4.000 livres de coffres; 4.000 livres de bagues et joyaux. Fait à Avignon, et signé par MM. de Forbin Sainte-Croix, Forbin archidiacre, l'abbé de Forbin Sainte-Croix, Forbin Meinier Castellane Pontevès, etc. Mantillery, notaire.

4 copies.

12. — *1724, 23 avril.*

Articles de mariage entre François-Palamède de Forbin, fils de Jean-Baptiste Renaud de Forbin de Barthèlemy, seigneur de Sainte-Croix, des Yssars, les Angles, Courtine, etc., et de Madeleine de Tache, et Marie-Françoise d'Amat de Graveson, fille d'Ignace d'Amat, seigneur de Graveson, et de Françoise de Salvador. Dot : tous les biens quelconques. Fait à Avignon. Original, avec les signatures autographes des parties et des assistants, notamment de Jâques (sic) de Forbin de Janson, archevêque d'Arles.

13. — *1724, 10 juin.*

Contrat de mariage entre François-Palamède, marquis de Forbin, fils de Jean-Baptiste Renaud de Forbin de Barthèlemy de Galléans, seigneur de Sainte-Croix, des Issards, les Angles, Courtines et autres lieux, et de Madeleine de Tache, et Marie-Françoise d'Amat de Graveson, fille d'Ignace d'Amat, seigneur de Graveson, et de Françoise de Salvador; mariés religieusement, depuis le 14 mai précédent, par Jacques de Forbin de Janson, archevêque d'Arles. Dot : tous ses biens quelconques. Fait à Avignon, notaire Fellon.

N° 123, C. S.-M.

14. — *1767, 24 et 27 septembre.*

Articles de mariage entre Jean-Baptiste-Ignace-Isidore, comte de Forbin, fils de François-Palamède, marquis de Forbin, seigneur des Yssards, Saint-Roman, etc., et de Marie-Françoise Amat, et Madeleine-Léontine d'Arcussia, fille de Charles-Michel-Anne, comte d'Arcussia, seigneur de Fos les Martigues, et de Suzanne-Gabrielle de Belsunce de Castelmoron. Fait double à Marseille et à Avignon.

Original, signatures des parties et des assistants.

15. — *1767, 1er décembre..*

Dispense du temps prohibé et de deux publications, pour le mariage de Jean-Baptiste-Ignace-Isidore, comte de Forbin, fils de François-Palamède, marquis de Forbin, et de Marie-Françoise Amat, et Magdeleine-Léontine d'Arcussia, fille de Charles-Michel-Anne, comte d'Arcussia, et de Suzanne-Gabrielle de Belsunce de Castelmoron. Fait à Marseille.

16. — *1767, 7 décembre.*

Contrat de mariage entre Jean-Baptiste-Ignace-Isidore, comte de Forbin, fils de François-Palamède, marquis de Forbin, seigneur des Issards, Saint-Roman, etc., et de Marie-Françoise-Xavière Amat, et Madeleine-Léontine d'Arcussia, fille de Charles-Michel-Anne, comte d'Arcussia, seigneur de Foz les Martigues, et de Suzanne-Gabrielle de Belzunce de Castelmoron. Dot, 155.000 livres. Le marquis de Forbin désempare de suite à son fils les Issarts et l'hôtel d'Avignon. Fait à Marseille, dans l'hôtel d'Arcussia. Solomé, notaire.

Suit la procuration donnée par François-Palamède, marquis de Forbin Sainte-Croix, et Marie-Françoise-Xavière d'Amat, marquise de Forbin, à Jean-Claude-Palamède, marquis de Forbin Gardanne, pour les représenter au mariage. Fait à Avignon, le 4 décembre 1767. Poncet, notaire.

N° 130, C. S.-M.

17. — *1767, 8 décembre.*

Acte de mariage de Jean-Baptiste-Ignace-Isidore Forbin, fils de François-Palamède Forbin et de Marie-Françoise Amat, et Magdeleine-Léontine Darcussia, fille de Charles-Michel-Anne Darcussia et d'Anne-Suzanne-Gabrielle Belzunce Castelmoron, en présence de Jean-Claude-Palamède Forbin Gardanne, procureur constitué par François-Palamède Forbin, etc. Fait à Marseille, paroisse Ferréol. « Certifié conforme, les titres ayant été supprimés conformément au vœu de la loi; » délivré le 3ᵉ jour complémentaire, an 8.

18. — *An X, 7 ventôse.*

Acte de mariage entre Joseph-Henry-Charles-Louis Forbin desissards, porte-enseigne dans la marine d'Espagne, fils de Jean-Baptiste-Ignace-Isidore Forbin desissards, et de Madeleine-Léontine Darcussia, et Adélaïde-Marie-Gabrielle Fogasse labastie, fille de Paul-André Fogasse Labastie et de Christine-Césarée-Gabrielle Benault Lubière. Fait à Avignon.

19. — *An XII, 23 frimaire.*

Convention entre Joseph-Henri-Charles-Louis de Forbin, Adélaïde-Marie-Gabrielle Fogasse de la Bastie, son épouse, Jean-Baptiste-Ignace-Isidore de Forbin, Madeleine-Léontine d'Arcussia, son épouse [parents d'Henri de Forbin], Paul-André Fogassse de la Bastie, Christine-Césarie-Gabrielle Benault de Lubière [parents d'Adélaïde de la Bastie], relative au mariage contracté entre Henri de Forbin et Adélaïde de la Bastie, le 7 ventôse an X. M. de la Bastie assure à sa fille sa quotité disponible, et la logera avec son mari et ses enfants; M. et Mme de Forbin assurent à leur fils le quart disponible de leur fortune. Fait double à Avignon.

Les deux originaux écrits en entier de la main d'Henri de Forbin, avec l'approbation et la signature de toutes les parties.

20. — *1805, 29 juin.*

Lettre de Mme de Forbin Janson, née Galléan, à Henri de Forbin, pour lui annoncer le mariage de son fils Palamède avec Mlle de Septeuil.

21. — *1832, 20 février.*

Contrat de mariage entre Gabriel-Joseph-Palamède, comte de Forbin des Issarts, fils de Joseph-Henri-Charles-Louis, marquis de Forbin des Issarts, et de la marquise, Adélaïde-Marie-Gabrielle de Fogasse de la Bastie, et Joséphine-Gabrielle-Marie de Joannis Verclos, fille de César-Auguste-Joseph de Joannis, marquis de Verclos, et d'Adélaïde-Henriette-Caroline de Perrin de Vertz. Fait à Avignon, à l'hôtel Verclos. Barbeirassy, notaire.

22. — *1837, 21 août.*

Contrat de mariage entre Joseph-Roger-Odon, comte de Forbin des Issarts, ancien officier de marine, fils de Joseph-Henri-Charles-Louis, marquis de Forbin des Issarts, ancien pair de France, etc., et d'Adélaïde-Marie-Gabrielle de Fogasse Labastie, et Julie-Gabrielle-Céleste de Casal,

fille d'Antoine-Pierre-Maurice de Casal, baron de Buisson, et d'Eliza Philippine Pontier de Saint-Gervasy. — Fait à l'Isle. Roze, notaire.
<small>Copie et extrait.</small>

23. — *1858, 24 juillet.*

Contrat de mariage entre Charles-Joseph-Henri-Palamède, comte de Forbin des Issarts, fils de Gabriel-Joseph-Palamède, marquis de Forbin des Issarts, et de Gabrielle-Joséphine-Marie de Joannis de Verclos, et Anne-Louise-Marguerite-Pauline Piscatory de Vaufreland, fille d'Alphonse-Étienne-Georges Piscatory, baron de Vaufreland, et de Louise-Adélaïde Smith d'Ergny. Fait à Paris, chez le baron de Vaufreland, 38, avenue Gabriel. Me Lentaigne, notaire.

24. — *1858, 31 juillet.*

Certificat de célébration du mariage entre Charles-Joseph-Henri-Palamède, comte Forbin des Issarts, fils de Gabrielle-Joseph-Palamède, marquis de Forbin des Issarts, et de Gabrielle-Joséphine-Marie de Giovanni de Verclos, et Anne-Louise-Marguerite-Pauline Piscatory de Vaufreland, fille de Alphonse-Étienne-Georges, baron Piscatory de Vaufreland, et de Adélaïde-Louise Schmit d'Eury [Smith d'Ergny]. Fait à Paris, paroisse Saint-Philippe du Roule.

25. — *1858, 31 juillet. — 1872, 4 juin.*

Acte de mariage entre le comte de Forbin des Issarts et Mlle de Vaufreland. Demande de rétablissement, bulletin de dépôt. (Reconstitution des actes de l'état civil après la Commune.)

26. — *1858, 31 juillet.*

Acte de mariage entre Charles-Joseph-Henri-Palamède, comte de Forbin des Issarts, fils de Gabriel-Joseph-Palamède, marquis de Forbin des Issarts, et de Gabrielle-Joséphine-Marie de Joannis de Verclos, et Anne-Louise-Marguerite-Pauline Piscatory de Vaufreland, fille d'Alphonse-Étienne-Georges Piscatory, baron de Vaufreland, et de Louise-Adélaïde Smith d'Ergny.

Rétabli le 14 juin 1872 par la 5ᵉ section de la commission de reconstitution des actes de l'état civil, après la Commune.

Paris, 1ᵉʳ/8ᵉ arrondissement.

27. — *1889, 6 février et 27 mai.*

Pièces diverses, billets de faire-part, relatifs aux mariages de Marie-Odette et de Louise de Forbin avec le comte Louis de Marcellus et le comte de Chevigné.

28. — *1895, 1ᵉʳ-29 octobre.*

Lettre du marquis de Forbin la Barben à son cousin, lui annonçant le mariage de sa fille, Albertine de Forbin, avec le comte Jacques de Grasset.

Faire part du mariage.

II

NAISSANCES, BAPTÊMES

29. — *1675, 18 mai.*

Extrait de baptême de Jean-Baptiste-Bénézet de Forbin, fils de Henry, seigneur de Sainte-Croix, et de Marguerite de Galiens des Yssars, né le 15 mai. Parrain : Jean-Baptiste de Forbin Meynier Castellane, président à mortier au Parlement de Provence, baron d'Oppède; marraine : Gabrielle de Galien des Yssars. Fait à Aix, paroisse Sainte-Madeleine.

30. — *1703, 5 mai.*

Extrait de baptême de François-Palamède de Forbin, fils de Jean-Baptiste de Reynaldi de Forbin de Barthèlemi, seigneur de Sainte-Croix, et de Madeleine-Thérèse de Tache. Parrain : François de Galien de Castelane, seigneur des Issards, marquis de Salernes; marraine : Madeleine de Roux, femme du seigneur de Tache. Fait à Avignon, paroisse Saint-Didier.

31. — *1730, 26 mars.*

Acte de baptême de Jean-Baptiste-Ignace-Isidore, fils de François-Palamède de Forbin de Sainte-Croix et de Marie-Françoise Amat de Gravaison. Parrain : Jean-Baptiste Renaud de Forbin de Sainte-Croix;

marraine : Jeanne de Tache, femme d'André-Louis de Brancas de Rochefort. Fait à Avignon, paroisse Saint-Agricol.

2 exemplaires.

32. — *1775, 25 août.*

Acte de baptême de Joseph-Henri-Charles-Louis, fils de Jean-Baptiste-Ignace-Isidore, comte de Forbin des Issards, et de Magdeleine-Léonce d'Arcussia. Parrain : le marquis d'Aigrefeuille; marraine : Henriette d'Arcussia, femme du marquis de Lubières. Fait à Avignon, paroisse Saint-Agricol.

33. — *1783, 15 juin.*

Lettre de la marquise de Rochegude à son oncle (M. de Forbin ou M. de la Bastie?), lui annonçant la naissance du fils de la comtesse de [Forbin] Janson, sa fille. « L'électeur palatin a été parrain avec moi et a donné son portrait entouré de diamants à l'accouchée. »

34. — *1802, 21 décembre.*

Lettre d'Henri de Forbin, à son cousin, M. de Forbin la Barben, pour lui annoncer la naissance de son fils Palamède, né la veille. Isidore de Forbin, son père, et M™ de la Bastie, sa belle-mère, l'ont tenu sur les fonds du baptême. D'Avignon.

Au dos, « compte du montant des contrats passés à Villeneuve. » (achats de terres aux Issarts).

35. — *An XIII, 29 vendémiaire.*

Acte de naissance de Paul-Joseph-Alfred, fils de Charles-Joseph-Louis-Henri Forbin, et d'Adélaïde-Marie-Gabrielle Fogasse-Labastie, né le même jour. Fait à Avignon.

2 exemplaires.

36 — *1806, 3 juin.*

Lettre de Charles de [Forbin] Janson, à Henri de Forbin, pour lui annoncer la naissance de son neveu, Michel-Palamède (né le 27 mai, mort le 4 juin 1806 à Septeuil). De Forcalquier.

37. — *1807, 10 janvier.*

Acte de naissance d'Albert-Joseph-Charles, fils de Charles-Joseph-Louis-Henri de Forbin, et de Gabrielle-Adélaïde de Fogasse-Labastie, né la veille. Fait à Avignon.

38. — *1812, 9 septembre.*

Acte de naissance de Marie-Eugénie-Laurence, fille de Charles-Joseph-Louis-Henri de Forbin, et de Gabrielle-Adélaïde de Fogasse-Labastie, née le 7.

39. — *1833, 9 janvier.*

Acte de naissance de Charles-Joseph-Henri-Palamède, né la veille, fils de Gabriel-Joseph-Palamède, comte de Forbin des Issarts et de Joséphine-Gabrielle-Marie de Joannis de Verclos. Fait à Avignon.

2 extraits.

40. — *1834, 30 juillet.*

Acte de naissance de Césarie-Marie-Marguerite, fille de Gabriel-Joseph-Palamède, comte de Forbin des Issarts, et de Joséphine-Gabrielle-Marie de Joannis de Verclos. Fait à Avignon.

41. — *1838, 28 juillet, 1872, 4 juin.*

Acte de naissance d'Anne-Louise-Marguerite-Pauline Piscatory de Vaufreland, depuis marquise de Forbin, mention de son baptême à la Madeleine. Demande de rétablissement, bulletin de dépôt et acte de naissance. Paris, 1er/8e arrondissements. (Reconstitution des actes de l'état-civil après la Commune.)

42. — 1859, 7 août.

Acte de naissance d'Adélaïde-Georgina-Marie, fille de Charles-Joseph-Henri Palamède, comte de Forbin des Issarts, et d'Anne-Louise-Marguerite-Pauline Piscatory de Vaufreland, née le 5, 38, avenue Gabriel. — Paris, 1er/8e arrondissements. — Rétabli après la Commune.
Billets de faire-part imprimés de cette naissance.

43. — 1863, 23 octobre.

Permission donnée par Mgr Darboy, archevêque de Paris, d'ondoyer une fille (1) de Charles-Joseph-Henri-Palamède, comte de Forbin et de Marguerite Devaufreland. Fait à Paris.

44. — 1874, 11 février.

Acte de naissance de Georges-Henri-Marie-Joseph-Palamède, fils de Charles-Joseph-Henri-Palamède, marquis de Forbin des Issarts et d'Anne-Louise-Marguerite-Pauline Piscatory de Vaufreland, né le 8; 38, avenue Gabriel; témoins : Gaspard-Henri-Palamède, comte de Forbin la Barben, et Louis-Georges-Fortuné Piscatory, baron de Vaufreland. — Paris, 8e arrondissement.

(1) Marie-Odette de Forbin, mariée en 1889 au comte Louis de Marcellus.

III

TESTAMENTS

---

45. — 1482, 25 octobre.

Testament de Catherine Forbins, épouse de Louis de Merles (Meruli) ; héritiers, ses deux fils, François et Michel. Fait à Avignon, François Morini, notaire.

Extrait ; en tête, copie d'une inscription placée au bas d'un portrait de Louis de Merles, conservé au xviiie siècle chez M. de [Merles] Beauchamps : « Louis de Merles, qui a fait bâtir la maison paternelle dans Avignon, avait deux frères chevaliers de Rhodes. L'an 1462, il épousa Catherine de Fourbin, sœur du grand Palamède de Fourbin, podestat de Provence. »

46. — 1498, 6 juin.

Testament de Jean de Forbin (Forbini), seigneur de la Barben, fils de Jean de Forbin, et d'Isoarde de Forbin ; il laisse la Barben à son fils Pierre, et institue héritiers Jean et Bernardin, ses autres fils. Barthélemy Darneti, notaire à Marseille ; collationné le 7 avril 1582 par Bertrand Reberiis, notaire à Marseille, à la demande de Palamède de Forbin, seigneur de la Barben.

Extrait collationné le 10 mars 1741, par Joseph Brunet, notaire à Arles, sur l'extrait « tiré des archives du seigneur de la Barben, » à lui

« exhibé et ensuite retiré par la dame abbesse de Saint-Césaire, qui a signé... »

Signature de Mme de Graveson, abbesse de Saint-Césaire.

N° 189, C. S.-M.

47. — *1500, 29 juillet.*

Testament de Pierre de Forbin, seigneur de la Barben, fils de Jean et Marthone. Il laisse la Barben à son frère Bernardin, et à son défaut, à Jean, son autre frère. Il institue héritière Marie de Simiane, sa femme, et la nomme tutrice de sa fille Marguerite, à laquelle il laisse 10.000 florins. Fait au château de la Barben, Honoré Joannis, notaire à Lambesc.

Extrait collationné le 10 mars 1741, par J. Brunet, notaire à Arles (V. le n° précédent).

Signature de Mme de Graveson, abbesse de Saint-Césaire.

N° 190, C. S.-M.

48. — *1516, 15 janvier.*

Testament de Bernardin Forbin, seigneur de la Barben ; héritier : Claude Forbin, son fils aîné. Il lègue à son second fils, Vincent Forbin, tous ses biens et droits existant dans la ville et le territoire de Marseille, à l'exception d'une maison, plus 1.000 florins payables dans l'année de son décès ; plus 4.000 florins. Louis Chabaudi, notaire de Salon (d'après une note au dos de l'acte).

Extrait collationné le 10 mars 1741, par J. Brunet, notaire à Arles.

Signature de Mme de Graveson, abbesse de Saint-Césaire.

N° 192, C. S.-M.

49. — *1518, 25 août.*

Testament de Melchione de Cabanes, fille de Pierre, seigneur de Collongue, veuve de Bernardin de Forbin (Forbini), seigneur de la Barben ; elle laisse à Vincent de Forbin son château de la Fare, à la condition qu'il tiendra son frère quitte des 4.000 florins que lui avait laissés son père. Héritiers : Claude et Vincent de Forbin, ses fils.

Extrait collationné par J. Brunet, notaire à Arles.

Signature de l'abbesse de Saint-Césaire.

N° 193, C. S.-M.

50. — *1592, 25 avril.*

Testament de Vincent Forbin, seigneur de la Fare, chevalier de l'ordre du roi; il veut être enseveli à N.-D. la Majeure, de Marseille, au monument de ses ancêtres; laisse à Bertrand Forbin, seigneur de Bonneval, une maison à Marseille et cinq cents écus sol. Il fait aussi des legs à Anne Forbine, dame de Lamanon, sa mère (?) (1), à son fils unique, Jean Forbin, marié à Claire de Pérussis, malgré son ingratitude; à Lucrèce Forbin, fille de Palamède, seigneur de la Barben; à Catherine Forbine, veuve de M° Pierre Biord, à Melchiore Forbine, femme du sieur de Saulses, à Isabeau et Marguerite Forbine, filles dudit sieur de la Barben, et à Palamède Forbin, seigneur de la Barben, auquel il donne sa grande maison de Marseille. Héritiers : Marguerite Forbine, dame d'Ansouis, sa fille, et Palamède Forbin, seigneur de la Barben, son neveu, sous la condition que Gaspard de Sabran, son félézain, épouserait une des filles du sieur de la Barben. Fait à Arles, Siméon Loys, notaire.

51. — *1650, 19 janvier.*

Testament de Diane de Barthèlemy, dame de Bresc, veuve d'Honoré Dalby, en son vivant seigneur de Bresc et conseiller à la cour des Comptes aydes et finances de Provence. Elle y fait mention de sa sœur Madame [de Forbin] de la Fare, d'Honoré de Forbin, son neveu, d'Honorée de Forbin, sa nièce, religieuse ursuline; héritier : André de Forbin, seigneur de Sainte-Croix, son neveu, et à son défaut, Henry de Fourbin, son petit-neveu, à la charge de porter le nom et les armes de la maison de Barthèlemy. Fait à Aix, Antoine Boutard, notaire.

52. — *1655, 3 juin.*

Donation à cause de mort de Marie de Fourbin, femme de Louis-Alphonse d'Arnaud, seigneur de Rousset et de Vaullongue, fait avec l'autorisation d'André de Fourbin, seigneur de Sainte-Croix, conseiller en la Cour des Comptes, aydes et finances de Provence, en date du

---

(1) Il faut sans doute lire nièce.

31 mai précédent ; donataires à défaut de ses enfants : son père, et, à son défaut, son frère, Henry de Fourbin de Bartellemy. Fait à Aix, Gaspard Fazende (?) notaire.

53. — *1674, 27 janvier.*

Testament d'Henri de Forbin de Barthèlemy, seigneur de Sainte-Croix, conseiller au Parlement de Provence ; il y nomme Catherine et Madeleine de Forbin, ses filles ; héritier, André-Nicolas de Forbin, son fils aîné ; Jean-Baptiste et Claude Barthèlemy de Forbin, ses autres fils, lui sont substitués. Fait à Aix, Augier, notaire.

N° 238, C. S.-M.

54. — *1704, 20 août.*

Testament de François de Galian de Castellane, seigneur des Yssarts, marquis de Salernes, par lequel il institue héritier Charles-Félix-Hyacinthe de Gallian, son neveu, lui substituant successivement Charles-Noël de Gallian de Castellet, et Raynaud de Fourbin de Sainte-Croix, ses autres neveux. Fait à Avignon, notaire Desmarez.

55. — *1709, 28 août.*

Testament de Marc-Antoine de Tache, seigneur du Devès. Il lègue à Palamède de Forbin, son petit-fils, fils de Jean-Baptiste Renaud de Forbin de Sainte-Croix et de Madeleine-Thérèse de Tache, une pension viagère de 400 livres, jusqu'à son mariage. (Ce legs a été remplacé plus tard par celui de 1.000 livres à Palamède, et de 400 livres de pension, jusqu'à son mariage, en faveur de Marc-Antoine de Forbin, fils de Palamède, arrière-petit-fils et filleul du testateur) ; 1.000 livres à Madeleine-Thérèse de Tache, femme de Jean-Baptiste Renaud de Forbin de Sainte-Croix, à laquelle il donne la moitié de ses biens. Madame de Forbin aura seule le droit de nomination à diverses chapellenies et bénéfices. Fait à Avignon, Fellon, notaire.

Minute de la main de M. de Tache. — Papiers Tache aux Issarts.

56. — *1720, 27 novembre.*

Testament de Rollin de Forbin de Saincte-Croix, fils d'Henri de Forbin de Sainte-Croix et de Marguerite de Gallian des Esard, enseigne des vaisseaux du Roi ; héritière, Lucrèce Seren, fille de Pierre. Il y mentionne un testament précédent, fait à Aix en 1699, il a oublié le nom du notaire (1). Fait à Toulon, notaire Aubert.

57. — *1746, 2 décembre.*

Testament de Madeleine-Thérèse de Tache, veuve de Jean-Baptiste Renaud de Forbin, seigneur de Sainte-Croix, des Issars, etc. Elle y mentionne un testament antérieur fait à l'Isle, notaire Moricelli. Elle lègue à Marc-Antoine de Forbin, son petit-fils, une pension viagère de 1.200 livres, les avances qu'elle lui aura faites, et ce qu'il possède de vaisselle aux armes de la testatrice. Héritier : François-Palamède de Forbin, son fils. Fait à Avignon, le 2 décembre 1746, remis le 10 à M° Gimet, notaire.

58. — *1766, 31 mai.*

Testament de Jeanne de Tache, veuve de Louis-André de Brancas, des comtes de Forcalquier, comte de Rochefort ; héritier, François-Palamède, marquis de Forbin, son neveu, et, à son défaut, Isidore de Forbin, fils du précédent. Fait à Avignon, déposé chez M° Poncet, notaire. — Extrait *parte in qua*.

On y a joint la copie du legs fait dans le même testament aux Minimes d'Avignon, de la main de J.-B.-I.-Isidore de Forbin ;

La liquidation des droits de contrôle, insinuation et 100° denier dûs pour ce testament, contrôlé à Beaucaire, le 3 septembre 1767 ;

Plusieurs pièces (dont une lettre de J.-B.-Ignace-Isidore de Forbin) relatives au legs de 2.000 l. fait dans ce testament au bureau de bienfaisance d'Avignon et au legs de 1.000 l. fait au bureau de bienfaisance de Rochefort.

(1) C'était Eyssautier.

59. — *1769, 28 décembre.*

Testament de François-Palamède, marquis de Forbin Sainte-Croix, seigneur de Saint-Roman, les Issarts, etc. Il y mentionne sa femme, Marie-Françoise d'Amat, son fils aîné, Marc-Antoine-François de Forbin, mort antérieurement, sa fille, Césarée, comtesse de Lascaris Vintimille; héritier, Jean-Baptiste-Ignace-Isidore de Forbin, son fils. — Testament olographe fait à Avignon, et remis chez Poncet, notaire. Suivent deux codicilles du 21 décembre 1770 et du 21 septembre 1773.

60. — *An XII, 2 fructidor.*

Testament de Madeleine-Léontine Darcussia, épouse de Jean-Baptiste-Ignace-Isidore Forbin; elle y mentionne ses cinq enfants : Henri et Amédée de Forbin, Alexandrine, Julienne et Sabine de Forbin; quotité disponible attribuée à Henri de Forbin. Fait à Avignon. — Olographe, déposé après décès chez M⁰ Poncet, notaire.

Deux copies, l'une avec le procès-verbal d'ouverture au tribunal d'Avignon.

Un extrait.

61. — *1809, 22 août.*

Testament de Jean-Baptiste-Ignace-Isidore Forbin; il y mentionne sa femme, Madeleine-Léontine d'Arcussia, morte antérieurement, et fait le partage de ses biens entre ses cinq enfants. : Henri et Amédée de Forbin, Alexandrine de Forbin, Marie-Agricole-Julienne de Forbin, épouse d'Octave Corvezi, et Sabine de Forbin, mariée à Charles-Isidore d'Averton. Testament olographe, déposé après décès chez Poncet, notaire à Avignon.

Codicilles des 11 mai, 11 septembre, 9 et 26 octobre 1811 (ces trois derniers sont les originaux olographes).

Le testament en mentionne un autre fait à Bologne, et déposé le 23 octobre 1795 chez Mazzoni, notaire collégial.

Copie et extrait.

62. — *S. D., après le 22 août 1809.*

Copie olographe, non datée, portant au bas de chaque page la signature, biffée, de Jean-Baptiste-Ignace-Isidore Forbin ; la copie n'est pas absolument semblable à l'acte (n° 61), mais les dispositions prises par le testateur sont les mêmes.

Extrait olographe de la partie du testament relative à Alexandrine de Forbin.

63. — *1818, 22 septembre.*

Testament de Louis de Fogasse de Chateaubrun, chevalier de Saint-Louis, chef de bataillon en retraite ; héritière : dame de Fogasse de la Bastie, épouse du marquis Henri de Forbin, lieutenant des gardes du corps du Roi. — Testament olographe.

Codicilles des 30 août et 4 septembre 1830, des 17 et 27 août, 3 et 20 septembre 1831.

Le tout déposé après décès chez Gédéon Sève, notaire à Nîmes.

On y a joint l'envoi en possession (5 novembre 1831) et deux reçus de droits de succession (Beaucaire et Tarascon, 16 avril 1832).

64. — *1825, 30 décembre.*

Testament de Paul-André de Fogasse, comte de Labastie, chevalier de Saint-Louis, en faveur de sa fille, Adélaïde-Marie-Gabrielle Fogasse de la Bastie, épouse de Joseph-Henri-Charles-Louis, marquis de Forbin des Issarts. Fait à Avignon. Codicille du 19 juin 1827.

Olographe, présenté au tribunal et déposé chez M° Jeaume, notaire. 2 exemplaires.

Y joint, une enveloppe contenant des dispositions prises par le même, les 6 octobre et 1ᵉʳ décembre 1825, et remise cachetée, après sa mort, au marquis et à la marquise de Forbin.

65. — *1829, 22 juillet.*

Testament de Marie-Charlotte-Alexandrine, comtesse de Forbin, ancienne chanoinesse. Elle y nomme Joseph-Augustin-Amédée, son frère, Marie-Agricoline-Julienne, femme d'Octave Corvésy, sa sœur, Marie-Charlotte-Sabine, femme de M. d'Averton, son autre sœur ; Adèle [de Fogasse la Bastie] et Élisa [de Forbin la Barben], ses belles-sœurs. Héritier, son frère Henri, pair de France. Fait à Avignon. Testament olographe, présenté après décès au tribunal d'Avignon, et déposé chez M° Barbeirassy, notaire.

66. — *1830, 4 août.*

Testament d'Étienne-Martin-Balthazard-Parfait-André Morel de Mons, archevêque d'Avignon, pair de France. Nombreux legs particuliers, notamment à la marquise de Forbin des Issarts, « un beau morceau des reliques de la vraie Croix, enchâssé dans un reliquaire en or et cristal, dans un étui de galuchat ». Héritier : Joseph-Charles-Louis-Henri, marquis de Forbin des Issarts, pair de France, etc., son cousin. — Complété le 23 septembre 1830.

Testament olographe déposé chez Pons, notaire.

67. — *1847, 30 janvier.*

Testament de Joseph-Henri-Charles-Louis, marquis de Forbin des Issarts, ancien pair de France, maréchal de camp en retraite, etc. Il y mentionne sa femme, son frère, Amédée de Forbin, sa sœur, Alexandrine de Forbin, son petit-fils, Palamède, ses belles-filles, Marie de Verclos et Gabrielle de Casal. Sépulture : dans la chapelle des Issarts, auprès de ses parents. Héritiers : Gabriel-Palamède, son fils aîné, pour la moitié ; Odon et Laurence de Forbin ses autres enfants chacun pour un quart. Fait à Avignon.

Suivent trois codicilles du 28 janvier 1849, du 26 juillet 1849 et du 15 mai 1850.

Testament olographe, déposé chez M° Jeaume, notaire.

68. — *1855, 15 février.*

Testament du marquis P. de Forbin [Gabriel-Joseph Palamède] ; sépulture, aux Issarts. Il nomme son frère Odon de Forbin, pour être le tuteur de son second fils, Arthur de Forbin. Original olographe.

69. — *1859. 28 avril.*

Codicille olographe du marquis de Forbin [Gabriel-Joseph Palamède] : il lègue à son second fils, Arthur, tous les meubles lui appartenant. — Fait aux Issarts.

70. — *1859 (?).*

Dispositions prises par Gabriel-Joseph-Palamède, marquis de Forbin des Issarts, pour ses funérailles (non signé ni daté).

71. — *1861, 5 décembre.*

Testament de la marquise de Forbin, née de la Bastie [Adélaïde de Fogasses]. Elle y fait le partage de ses biens entre ses enfants : Palamède, Odon et Laurence de Forbin ; legs à sa belle-fille, Gabrielle de Casal, comtesse de Forbin, à ses petits-fils, Palamède et Arthur de Forbin, à sa petite-fille, Marguerite de Forbin, mariée au vicomte du Mesnil du Buisson, et à Marguerite de Vaufreland, femme de son petit-fils, Palamède. Fait à Avignon. Olographe, non enregistré.

<small>Une copie et une analyse.</small>

72. — *1865, 3 mai.*

Testament olographe du marquis de Forbin [Gabriel-Joseph-Palamède]; sépulture aux Issarts ; quotité disponible à son second fils, Arthur. Fait aux Issarts.

73. — *1867, 2 novembre.*

Testament de Gabriel-Joseph Palamède, marquis de Forbin des Issarts. Quotité disponible à son fils. Fait aux Issarts. Testament olographe présenté après décès au tribunal d'Avignon et déposé chez M⁰ Vincenti, notaire.

74. — *1870, 15 août; 1871, 11 novembre.*

Testament et codicille du comte Odon de Forbin; légataire universel : le marquis Palamède de Forbin, son neveu; legs particuliers à la comtesse O. de Forbin, sa femme, à la vicomtesse du Mesnil, née de Forbin, et à la marquise de Forbin, née de Vaufreland, ses nièces. Fait à Avignon, déposé chez Coste, notaire.

Analyse d'après l'inventaire.

IV

DÉCÈS ET SÉPULTURES

75. — *1671, 20 novembre.*

Oraison funèbre d'Henri de Forbin d'Oppède, premier président du Parlement de Provence, par le P. Daverdy, publiée avec introduction et notes, par l'abbé A.-J. Rancé. — Marseille, 1889.

N° 1376. C. S.-M.

76. — *1698, 20 octobre.*

Sépulture, dans la chapelle de la maison de Fourbin, en l'église de l'observance, de Marguerite des Yssarts de Galiens, veuve d'Henry de Fourbin, sieur de Sainte-Croix, âgée de cinquante ans. Fait à Aix.

L'extrait est suivi d'une requête de M. de Galléan du Castelet contre M. de Forbin Sainte-Croix au sujet de l'héritage de François de Galléan des Issarts.

77. — *1797, 4 septembre.*

Acte de décès de Joseph-André-Félix de Forbin, chevalier de l'ordre de Malte, fils de Jean-Baptiste-Ignace-Isidore, comte de Forbin. Fait à Florence, paroisse Sainte-Félicité.

Y joint, la liste des messes célébrées pour le repos de l'âme de J.-A.-F. de Forbia (*sic*).

78. — *1799, 6 avril.*

Certificat de décès et d'inhumation du comte Palamède de Forbin (de Furbino).
Fait à Prejano, en l'église Saint-Laurent.

79. — *1806, 29 avril.*

Acte de décès de Magdeleine-Léontine Darcussia, fille de Charles-Michel-Anne Darcussia et de Suzanne Belzunce de Castelmoron, épouse de Jean-Baptiste-Ignace-Isidore Forbin-Desissard, décédée la veille. — Fait à Avignon.

80. — *1849, 12 juin.*

Lettre du Mis de Forbin-Janson, annonçant à son cousin, le Mis de Forbin des Issarts, la mort de son père. — De Paris.

81. — *1855, 12 mars; 1872, 7 juin.*

Acte de décès de Marie-Joséphine de Joannis de Verclos, fille du Mis de Joannis de Verclos, député au Corps législatif, et de Mlle de Perrin de Vertz, mariée à Gabriel-Joseph Palamède, Mis de Forbin des Issarts. Mention du certificat de décès à Saint-Philippe-du-Roule. Demande de rétablissement, bulletin de dépôt, acte rétabli. (Reconstitution des actes de l'état civil après la Commune.)

82. — *1855, 15 mars.*

Certificat de l'enterrement de Gabrielle-Joséphine-Marie Giovanni de Verclos, marquise de Forbin des Yssarts. Fait à Paris, paroisse Saint-Philippe-du-Roule.

83. — *1857, 8 octobre.*

Lettre du Mis de Forbin d'Oppède, annonçant à son cousin, le Mis de

Forbin des Issarts, la mort de son oncle Augustin, baron d'Oppède. D'Aix-en-Provence.

84. — *1866, 14 février.*

Permis d'inhumer Adélaïde-Marie-Gabrielle Fogasse de la Bastie, veuve de Joseph-Henri-Charles-Louis de Forbin des Issards, ancien pair de France, maréchal de camp en retraite, officier de la Légion d'honneur. Fait à Avignon.

85. — *1867, 1er novembre.*

Billet de faire-part de la mort de Louis-Joseph-Arthur, Vte de Forbin des Issarts, décédé le 28 octobre à Avignon.

86. — *1868, 29 octobre.*

Acte de décès de Gabriel-Joseph-Palamède, marquis de Forbin des Issarts, chevalier de la Légion d'honneur, veuf de Gabrielle-Joséphine-Marie de Joannis de Verclos, et fils du marquis Charles-Joseph-Henri de Forbin des Issarts et de Gabrielle-Marie-Adélaïde Fogasse de Labastie, décédé la veille en son château des Issarts. Fait aux Angles.

2 exemplaires.

87. — *1871, 1er février.*

Certificat de décès d'Adélaïde-Georgina-Marie de Forbin des Issards, fille de Charles-Joseph-Henri-Palamède de Forbin des Issards, et d'Anne-Louise-Marguerite-Pauline Piscatory de Vaufreland. — Fait à Avignon.

88. — *1871, 3 juin.*

Certificat de décès de Marguerite-Marie [Renée] de Forbin des Issards, fille de Charles-Joseph-Henri-Palamède de Forbin des Issards et d'Anne-Louise-Marguerite-Pauline Piscatory de Vaufreland. — Fait à Avignon.

89. — *1873, 1ᵉʳ mars.*

Reçu de l'aumônier du cimetière de l'Est (Père-Lachaise) pour la cérémonie religieuse de l'inhumation de corps de la famille de Forbin. — A Paris.

V

ORDONNANCES DE PALAMÈDE DE FORBIN, LETTRES PATENTES, BREVETS, COMMISSIONS, ÉRECTIONS DE TERRE, DIPLÔMES, DÉPUTATIONS ET EMPLOIS, PASSEPORTS

---

90. — *1481, 31 janvier.*

Lettres patentes de Palamède Forbin, seigneur de Soliers, vicomte de Martigues, conseiller et chambellan du Roi, lieutenant-général et gouverneur de Provence, donnant à Raoulin Bertholomieu une somme de 600 florins, à prendre en deux ans sur les revenus de l'un des tabliers de la cour des comptes d'Aix, une pension annuelle de 50 florins, deux tabliers de la cour de la cité de Sisteron, et divers droits appartenant au Roi dans la ville et le territoire de Moustiers. Donné à Berre.

Original français, signé et scellé ; — et extrait sur papier, en mauvais état. De Rollin Barthèlemy descendait Lucrèce, dame de Sainte-Croix, qui épousa François de Forbin, tige de la branche des Issarts.

N° 1244, C. S.-M.

91. — *1481, 22 mars.*

Ordonnance de Palamède Forbin, seigneur de Soliers, lieutenant-général et gouverneur de Provence, retenant Rollin Barthèlemy, au nombre des conseillers du roi. Fait à Berre.

Original parchemin, signé et scellé.

92. — *1482 (?)*.

Ordonnance de Palamède Forbin, seigneur de Soliers, vicomte de Martigues, conseiller et chambellan du Roi; son lieutenant-général et gouverneur aux comtés de Provence et de Forcalquier, confirmant les privilèges accordés autrefois aux habitants des Baux (castro de baucio). La date manque.

Original signé et scellé.

93. — *1483, 18 janvier*.

Délibération du conseil de la ville d'Avignon, décidant d'offrir à Palamède de Forbin (Forbini), gouverneur de Provence, un présent de 100 écus d'or, en reconnaissance des services qu'il avait rendus à la ville.

Extrait en forme. (Délibérations, 1482-1491, t. V, f. 20.)

94. — *1484, 14 octobre*.

Transaction entre François de Luxembourg et Palamède de Forbin, seigneur de Souliers, représenté par Loys Forbin, son fils, au sujet de la vicomté de Martigues; homologuée par le grand conseil.

A la suite de cette copie est mentionnée une procuration donnée le 6 avril 1476, par la ville de Marseille, à Honoré Forbin, « pour l'obliger à l'entretènement de la promesse que le roi René de Sicile avait faite au roi Louis XI de n'avoir intelligence avec le duc de Bourgogne ou autre, dont dommage en pourrait venir audit roi Louis XI et à son royaume. Trésor des chartes du roi, à Paris, Bourgogne, art. 7, n° 20). »

95. — *1486, 28 octobre*.

Ordonnance de Charles VIII, décidant que l'on devra payer à Rollin

Barthèlemy les 600 florins que lui avait accordés le sieur de Soliers (Palamède de Forbin), pour avoir aidé « à la réduction dudit pays de Provence en son obéissance ». Donné à Paris.

96. — *1594, 3 janvier.*

Assemblée de la noblesse de Provence. Melchior de Forbin, sieur de Janson, baron de Villelaure, est député au roi Henri IV, pour lui présenter les très humbles requêtes de l'Assemblée. 1500 écus de 3 livres lui sont alloués pour ses frais. — Copie conforme au précis des registres de la noblesse de Provence (1549-1731).

97. — *1605, 28 mai.*

Lettres patentes portant provision de l'office de conseiller à la cour des comptes, aides et finances de Provence, en remplacement d'Amant du Mosnier, par résignation de Martin de Maunoy, en faveur de François-Anne de Forbin, sieur de la Fare, aux gages de 773 l. 15 s. Donné à Paris.

98. — *1605, 22 octobre.*

Vérification et entérinement par la cour des comptes de Provence des lettres patentes du 28 mai 1605, nommant François-Anne de Forbin, sieur de la Fare, conseiller à ladite cour; réception du sieur de la Fare en ladite qualité. Fait à Aix.

99. — *1605, novembre.*

Requête adressée par François-Anne de Forbin, sieur de la Fare, conseiller du Roi en sa Cour des Comptes, aides et finances, aux trésoriers généraux de France en Provence, pour leur demander d'ordonner qu'il sera payé de ses gages et droits.
Original, signé.

100. — *1605, 18 novembre.*

Lettres des trésoriers généraux de France en Provence, consentant, en ce qui les concerne, à l'entérinement des lettres patentes du 28 mai précédant, nommant François-Anne de Forbin, sieur de la Fare, conseiller à la Cour des Comptes de Provence, et mandant aux receveurs généraux de lui payer le montant de ses gages et droits en la manière accoutumée. Fait à Aix.

Original, signatures autographes.

101. — *1626, 15 mai.*

Diplôme de bachelier en l'un et l'autre droits pour André Forbin, seigneur de Sainte-Croix, fils de François Forbin, seigneur de la Fare, et de Lucrèce de Sainte-Croix. Fait à Aix.

102. — *1639, 12 décembre.*

Lettre de Louis de Valois à M. de la Barben, l'invitant à se « mettre bientôt en équipage d'aller servir » pour secourir Salse. Fait à Aix.

Original ; formule finale autographe, cachet.

103. — *1668, 14 juillet.*

Ordonnance d'Henry de Maynier de Forbin, baron d'Oppède, seigneur de la Fare, Peiroles, etc., conseiller du Roi en ses conseils, premier président en la cour du Parlement de Provence, défendant de faire aucune saisie sur les fruits des fiefs sujets à la cote de la noblesse, jusqu'à ce que le trésorier de la noblesse ait été payé. — Fait à Aix.

Imprimé. — Signature autographe de M. de Puylobier, l'un des syndics de la noblesse.

104. — *1706, 9 mars.*

Lettre du cardinal de Janson Forbin à Mme de Fontanieu (?) qui le félicitait d'avoir obtenu la charge de Grand Aumônier. — Signée. — De Rome.

105. — *1712.*

Généalogie de la maison de Forbin. — (C'est la copie de la notice du dictionnaire de Moréri, édition de 1712) notes ajoutées.
Une autre, dressée vers 1860.
Une autre, dressée à la même époque, mais de la branche des Issarts seulement, d'après les registres de la chambre des comptes d'Aix, des jugements de la noblesse (1669) et d'après Pithon Curt (t. 1, p. 426), par M. Edgar de Bannières (lettre au vicomte Arthur de Forbin).

106. — *1772, 5 juin.*

Lettre du marquis de Forbin Janson au marquis de Forbin Sainte-Croix, sur le discours prononcé par le marquis de Forbin Gardane à sa réception dans la charge de sénéchal de Marseille.
Copie de la lettre du même au marquis de Forbin Gardane, sur le même sujet.

107. — *1772, 8 novembre.*

Promulgation des statuts de la carrière des Juifs d'Avignon, faite par le comte de Forbin des Issarts, viguier royal de la ville. Fait à Avignon. — Imprimé.

108. — *1787, 25 avril.*

Lettres de frère Hyacinthe de Vallouise, ministre provincial des F.F. mineurs capucins de la province d'Avignon, nommant Jean-Baptiste-Ignace-Isidore, comte de Forbin des Issarts, etc., syndic du grand couvent d'Avignon. — Fait à Avignon, signé et scellé.

109. — *1790, 1er juillet.*

Passeport pour Mme et Mlle de Forbin allant à Nice. Fait à Villeneuve-les-Avignon. — Visa à Antibes.

110. — *1791, 29 septembre.*

Certificat de résidence à Carthagène délivré au chevalier Henri de Forbin des Issarts par le consul général de France. — Fait à Carthagène. Signatures. Sceau du consulat.

111. — *1796, 4 novembre.*

Certificat de résidence à Mendrisio, du 25 octobre 1792 au 26 mars 1794, pour Jean-Baptiste-Ignace-Isidore Forbin Desissarts. — Fait à Mendrisio.

112. — *1797, 31 mai.*

Lettres de Charles-Emmanuel, roi de Sardaigne, au comte Joseph-Louis-François-Palamède de Forbin des Issards, pour les preuves nécessaires pour sa réception de chevalier des saints Maurice et Lazare. Signé C. Emanuele, et plus bas Dellera.

113. — *1797, 31 août.*

Lettres de Charles-Emmanuel, roi de Sardaigne, nommant le comte Joseph-Louis-François-Palamède de Forbin des Issards, chevalier de l'ordre des saints Maurice et Lazare. — Fait à Turin. Signé C. Emanuele, et plus bas Dellera. Sceau.

114. — *1798 (?), 8 mai.*

Passeport du cardinal Vincenti, légat de Bologne, pour le comte de Forbin, ses deux filles, l'abbé de Massilian, et un domestique, s'en allant en Toscane. — Fait à Bologne, signé.

115. — *1799, 30 août.*

Permission accordée au comte Isidore Forbin, à Léontine Darcussia, sa femme, à Alexandrine, sa fille, et à ses serviteurs, de demeurer en Toscane. — Fait à Florence.

116. — *1799, 19 octobre.*

Passeport toscan pour le comte Isidore Forbin, sa femme Léontine et sa fille Alexandrine, une femme de chambre et un domestique, allant à Bologne. — Fait à Florence.

117. — *1800, 2 juillet.*

Passeport donné à D. Ennrique Forbin, enseigne de vaisseau, par Don C.-A. Ramirez de Arellano, pour aller prendre les eaux de Caldas. Signé Arellano, et plus bas Antonio Van Halen. — Fait en l'île de Léon.

118. — *1801, 10 juin.*

Passeport donné par Don Joseph de Mazarredo à D. Henrique Forbin, pour aller à Avignon. — Fait en l'île de Léon. — Signé. — Sceau.

119. — *An IX, 21 floréal.*

Certificat de non-inscription sur la liste des émigrés, pour Madeleine-Léontine d'Arcussias, femme Forbin. — Fait à Avignon. L'acte de baptême de M.-L. d'Arcussia y est joint (2 avril 1747).

120. — *An IX, 21 prairial.*

Laisser-passer du général Jourdan, administrateur général du Piémont, pour Magdeleine-Léontine d'Arcussias, femme Forbin, allant à Avignon. — Un autre pour Marie-Charlotte-Alexandrine Forbin Desyssards. Donnés à Turin ; signatures autographes.

121. — *An IX, 4 messidor.*

Certificat de résidence pour la citoyene (*sic*) Magdeleine-Léontine

Arcussia, épouse du citoyen Jean-Baptiste-Ignace-Isidore Forbin, dans la ville de Villeneuve-les-Avignon, du 2 mars 1792 au 9 thermidor an IV. — Un autre, du 10 thermidor an IV au 26 fructidor an V.
Originaux, sceaux et signatures.

122. — *An IX, 16 thermidor.*

Passeport délivré par l'ambassade de France au citoyen Henry Forbin, enseigne de vaisseau dans la marine espagnole, allant à Avignon. Donné à Madrid, signé : Lucien Bonaparte.

123. — *An X, 12 messidor.*

Certificat d'amnistie, pour fait d'émigration, accordé à Jean-Baptiste-Ignace-Isidore Forbin. — Fait à Paris.

124. — *An XI, 17 vendémiaire.*

Passeport pour le citoyen Jean-Baptiste-Ignace-Isidore Forbin, allant à Aix et à Marseille. — Fait à Avignon.

125. — *1814-1826.*

Papiers politiques du marquis de Forbin des Issarts, député de Vaucluse, puis pair de France : notes, lettres, discours, brouillons, écrits de sa main.
Rapports, discours, lettres livrées à la publicité, articles de journaux, déclarations, etc., environ 25 pièces imprimées.

126. — *s. d.*

Lettre du marquis de Forbin des Issarts ; il raconte les épisodes des journées des 30 et 31 mars 1814, auxquels il a été mêlé.

127. — *1815, 11 avril.*

Passeport du commandant de la place d'Avignon en état de siège pour Alexandrine Forbin, allant à Paris. Fait à Avignon.

Le passeport porte en tête le timbre fleurdelysé de la police générale de France, et les mots *De par le Roi*, imprimés. Les fleurs de lys sont barrées, les mots *le Roi* biffés et remplacés à la main par *l'Empereur*. L'écusson royal fleurdelysé est aussi barré.

128. — *1815, 24 août.*

Discours prononcé à la clôture de la session du collège électoral du département de Vaucluse, par Monsieur de Forbin, président.
Imprimé.

129. — *1815 à 1824.*

Convocations du marquis de Forbin des Issarts, député de Vaucluse, aux sessions de la Chambre des députés des départements :
 5 septembre 1815,
 22 novembre 1820,
 12 octobre 1821,
 8 mai 1822,
 8 janvier 1823,
 21 novembre 1824.
6 pièces autographiées.

130. — *1815, 8 septembre.*

Lettre du marquis de Forbin des Issarts, député de Vaucluse, au *Journal général de France*, démentant le bruit qui courait d'émeutes continuelles à Avignon. Extrait du *Journal général* du 13 septembre, publié par le *Courrier d'Avignon* du 21. — De Paris.

131. — *1815, 12 et 25 décembre.*

Lettres du baron de Saint-Chamans, préfet de Vaucluse, au marquis de Forbin, député, sur une émeute qui avait eu lieu à Avignon le 11. — D'Avignon.

132. — *1816, 18 mars.*

Lettre adressée aux députés de Vaucluse par plusieurs membres de la Compagnie royale des Pénitents blancs. D'après une lettre communiquée par Mme la chanoinesse de Forbin, de la part de son frère, ils se sont formés en comité, ont pris pour devise « Dieu et le Roi », et ils attendent les instructions qu'on voudra bien leur donner. — Fait à Avignon.

133. — *1816, 13 juin.*

Lettre du comte A. de Pontbriant, président du conseil général de Vaucluse, au marquis de Forbin des Issarts, lieutenant des gardes du corps du Roi, membre de la Chambre des députés : le conseil général veut lui exprimer « sa satisfaction et sa reconnaissance pour le zèle distingué » avec lequel il a soutenu à la Chambre les intérêts du Roi et de la Patrie. — Fait à Bollène.

134. — *1820, 14 novembre.* — *1822, 18 novembre.*

Deux lettres et un laisser-passer du comte de Forbin, directeur général des musées royaux. — De Paris.

135. — *1821-1824.*

Lettres de Chateaubriand au marquis de Forbin des Issarts :
    Berlin, samedi 24 février 1821,
    Londres, 19 mai 1822,
    Paris, 5 novembre 1824 ; mercredi 20 décembre.

136. — *1821, 26 avril.*

Lettre d'invitation au baptême du duc de Bordeaux, pour le marquis Forbin des Issars, membre de la Chambre des députés des Départements. — Signée : le marquis de Dreux Brézé. — De Paris.

137. — *1821, 2 mai, 9 mai.*

Lettre du ministre de la guerre au marquis Forbin des Issarts, lieutenant des gardes du corps, Cie Luxembourg, lui annonçant sa nomination de chevalier de la Légion d'honneur. — Fait à Paris.

Lettre d'avis du grand chancelier ; il délègue le duc de Luxembourg pour procéder à la réception. — Fait à Paris.

138. — *1822, 4 janvier.*

Ordonnance du cardinal de Bausset-Roquefort, archevêque d'Aix, réglant les fondations à faire par les héritiers de Jean-Baptiste-Ignace-Isidore, marquis de Forbin des Issarts, en exécution du testament fait le 13 février 1665 par Messire Antoine de Damat (Antoine d'Amat) — Fait à Aix. — Signée. — Sceau.

139. — *1823, 8 janvier.*

Ordonnance royale nommant le marquis Forbin des Issarts, membre de la Chambre des députés, conseiller d'État en service ordinaire, et l'attachant au Comité de la guerre.

Moniteur du 9 janvier contenant l'ordonnance de nomination et celle qui règle le tableau du Conseil.

140. — *1823, 14 janvier.*

Lettre du ministre de la justice informant le marquis Forbin des Issarts que le roi l'a nommé conseiller d'État en service ordinaire. — De Paris.

141. — *1823, 24 décembre.*

Lettre avisant le marquis de Forbin des Issarts de sa nomination de président du collège électoral de Vaucluse. — Signé Louis, et plus bas Corbières.

142. — *1824, 6 mars.*

Discours prononcé à l'ouverture de la session du collège électoral du département de Vaucluse par le marquis de Forbin des Issarts, président.
Imprimé. — 3 exemplaires.

143. — *1825, 24 et 26 mai.*

Lettres du ministre de la guerre et du grand chancelier de la Légion d'honneur annonçant au marquis de Forbin des Issarts, maréchal de camp, sa nomination d'officier de la Légion d'honneur.

144. — *1827, 1er juillet, 2 décembre.*

Délibération des conseillers de la compagnie royale des Pénitents blancs, nommant le marquis de Forbin des Issarts, maréchal de camp, conseiller d'État et membre de la Chambre des députés, Élu de la compagnie, en remplacement du comte de la Bastie, décédé.
Délibération nommant les députés chargés de faire connaître à S.S. le marquis de Forbin des Issarts, pair de France, sa nomination d'élu. — Fait à Avignon. — Signatures des conseillers.

145. — *1827, 30 septembre.*

Lettre du ministre de l'intérieur au marquis de Forbin des Issarts, président du conseil général de Vaucluse; il a reçu sa lettre du 1er septembre et le procès-verbal des délibérations du conseil. — Fait à Paris.

146. — *1827, 5 novembre.*

Lettre de M. de Villèle annonçant au marquis de Forbin des Issarts, maréchal de camp, conseiller d'État, etc., son élévation à la dignité de pair du Royaume.
Supplément du *Moniteur officiel* du 6 novembre contenant l'ordonnance.

147. — *1827, 24 novembre.*

Discours prononcé par le marquis de Forbin des Issarts, pair de France, président du collège départemental de Vaucluse.
Imprimé. — 20 exemplaires.

148. — *1828, 7 janvier.*

Lettre du vicomte de Caux au marquis de Forbin des Issarts sur sa nomination au ministère de la guerre.
Olographe.

149. — *1828, 28 novembre.*

Lettre du ministre de la guerre à S.S. le marquis Forbin des Issarts, pair de France. Il est impossible de nommer le comte d'Averton à la succursale des Invalides à Avignon; mais on a proposé au roi de lui accorder une pension sur l'ordre de Saint-Louis. — Fait à Paris, signé : vicomte de Caux.

150. — *1828, 20 janvier.* — *1830, 17 janvier.*

Lettres de convocation à l'ouverture de la session des Chambres, adressées au marquis de Forbin des Issarts, pair de France. Données aux Tuileries.

151. — *1828 à 1834.*

Lettres de M. de Villèle sur diverses questions politiques.
27 décembre 1828 ;
19 janvier, 24 mars, 21 mai et 9 septembre 1829 ;
17 février 1830 ;
24 juillet 1832 ;
17 avril 1834.

152. — *1829, 18 mars.*

Lettres patentes du Roi Charles X, érigeant le château et la terre des Issarts en majorat de pair au titre de baron, en faveur de Charles-Joseph-Louis-Henri, marquis de Forbin des Issarts, conseiller d'État, maréchal de camp, chevalier de Saint-Louis et de la Légion d'honneur, et de l'ordre de Malte, l'un des pairs nommés par l'ordonnance du 5 novembre 1827, et de ses descendants. Donné à Paris.
Sceau de cire verte.
Dossier relatif à l'érection en majorat d'une partie de la terre des Issarts (notes, lettres, certificats, estimes, etc.).

153. — *1829, 4 mai.*

Lettre du ministre de la guerre, demandant au marquis Forbin des Issarts, des renseignements sur ses services dans la marine, de 1788 à 1791. — Signé : Vicomte de Champagny, directeur général du personnel. De Paris.

154. — *1829, 21 août.*

Lettre de M. de la Bourdonnaye, ministre secrétaire d'État de l'Intérieur, au marquis de Forbin des Issarts, pair de France, le remerciant de sa lettre du 16, et des renseignements qu'il lui a adressés. — De Paris. — Signature autographe.

155. — *1829 à 1846.*

Lettres politiques de M. de Genoude au marquis de Forbin des Issarts.
1829, 2 septembre, 4 novembre ;
1830, 11 juin ;
1834, 16 juillet ;
1846 (?), 13 mai, 19 août.

156. — *1829.*

Lettre du comte de Bourmont, ministre de la guerre, au marquis de Forbin des Issarts, sur sa rentrée éventuelle au Conseil d'État. — Olographe.

Brouillon de réponse à cette lettre, datée d'Avignon, 8 décembre 1829.

157. — *1830, 7 juin.*

Lettre de M. Esquirol, référendaire à la Cour des Comptes, et auparavant attaché au ministère de l'Intérieur, au marquis de Forbin, sur la politique du temps. De Paris.

158. — *1830, 26 juillet.*

Lettre du Garde des sceaux, annonçant au marquis de Forbin des Issarts sa nomination de conseiller d'État en service extraordinaire. De Paris.

159. — *1831, 20 mai.*

Ordonnance royale refusant l'autorisation de poursuivre l'ancien préfet du Rhône, et plusieurs commissaires de police de Lyon, demandée par les sieurs Riche, baron de Tauriac, marquis de Forbin des Issarts et Leclerc.
Notifiée à Lyon, le 15 juin 1831.

160. — *1832.*

2 Ordres relatifs à la conspiration légitimiste de 1832; (lettres de change à l'encre noire; les ordres sont au citron; approbation et signature de la duchesse de Berry).
Instructions du maréchal comte de Bourmont.
5 pièces.

161. — *1833-34.*

Lettres de Madame la duchesse de Berry au marquis de Forbin des Issarts.
21 septembre, de Padoue, pour le remercier du dévouement dont il a fait preuve.
8 novembre, de Léoben, instructions; la princesse le charge de remettre une lettre à l'empereur, de voir M. de Metternich; il s'entendra au surplus avec M. de Montbel.
15 décembre 1833 et 12 mars 1834, sur la réunion de la princesse à ses enfants.

162. — *1833, 11 décembre.*

Lettre du marquis Victor de Latour-Maubourg au marquis de Forbin des Issarts lui demandant d'aller à Prague, travailler à la réunion de la duchesse de Berry à la famille royale. — Au Lys, par Melun.

163. — *1833-34.*

Lettres du comte de Saint-Priest sur le même sujet :
15 décembre 1833 et 8 janvier 1834, de Vienne ;
13 janvier et 6 février 1834, de Grätz.

164. — *1834, 22 janvier.*

Note sur les audiences accordées par le roi Charles X au marquis de Forbin des Issarts. — De la main de ce dernier. — A Prague.

165. — *1834, 31 janvier.*

Lettre adressée par la princesse Louise, depuis duchesse de Parme, aux dames d'Avignon ; il y est parlé du marquis de Forbin des Issarts, qui est chargé de la leur remettre. — De Prague.

166. — *1841.*

« Mon opinion sur le recensement Humann », par le marquis de Forbin des Issarts, ancien député, pair de France, conseiller d'État, maréchal de camp.

5 p. imprimées.

Y joints la plainte du parquet d'Avignon, l'ordonnance et les procès-verbaux de la saisie de 101 exemplaires (sur 500).

167. — *1848, 25 août, 19 octobre.*

Lettre du ministre de l'Intérieur au citoyen Forbin, capitaine en 1er, 5e Cie, 2e B^{on}, 1re L^{on} de la garde nationale, lui annonçant sa nomination de chevalier de la Légion d'honneur.

Certificat de la Grande Chancellerie.

168. — *1852, 5 février.*

Diplôme de bachelier ès lettres pour Charles-Joseph-Henri-Palamède de Forbin des Issarts. Fait à Paris.

169. — *1853, 19 septembre.*

Diplôme de bachelier en droit pour Charles-Joseph-Henri-Palamède de Forbin des Issarts. Fait à Paris.

170. — *1855, 25 mars.*

Diplôme de licencié en droit pour Charles-Joseph-Henri-Palamède de Forbin des Issarts. Fait à Paris.

171. — *1887, 28 juillet.*

Certificat d'études de grammaire pour Georges de Forbin, élève de quatrième au lycée Condorcet. Fait à Paris.

172. — *1891, 8 septembre.*

Diplôme de bachelier ès sciences pour Georges-Henri-Marie-Joseph-Palamède de Forbin des Issarts. Fait à Paris.
Certificat de passage du même examen, en date du 18 juillet 1891.

173. — *1891, 18 septembre.*

Diplôme de bachelier ès lettres pour Georges-Henri-Marie-Joseph-Palamède de Forbin des Issarts. — Fait à Paris.
Certificat de la 1re partie de l'examen, passée le 5 août 1890, en date du 25 mai 1891.
Certificat de la 2e partie, 25 juillet 1891.

174. — *1897, 8 octobre.*

Diplôme de bachelier en droit pour Georges-Henri-Marie-Joseph-Palamède de Forbin des Issarts. — Fait à Paris.
Y joint les lettres d'avis de la date de l'examen, et des notes obtenues.

175. — *1898, 6 septembre.*

Diplôme de licencié en droit pour Georges-Henri-Marie-Joseph-Palamède de Forbin des Issarts. — Fait à Paris.
Y joint les lettres d'avis de la date des examens, de l'admissibilité et des notes obtenues.

176. — *1899, 11 janvier.*

Diplôme d'élève breveté (langue malaise) de l'École spéciale des Langues orientales vivantes, pour Georges-Henri-Marie-Joseph-Palamède de Forbin des Issarts. — Fait à Paris.

VI

RELIGION, PRÊTRES ET RELIGIEUSES

---

177. — *1710, 21 juin.*

Compendio della vita di fr. Arsenio di Gianson, monaco cisterciense della trappa, ...scritto dall' abbate e monaci,... all'eminentiss. e reverendiss. signor cardinale di Gianson Fourbin. — In Firenze.
Imprimé, 130 p. — 2 ex.

178. — *1710, 21 juin.*

Abrégé de la vie de Frère Arsène de [Forbin] Janson, religieux de l'ordre de Citeaux de la réforme de la Trappe, connu dans le siècle sous le nom du comte de Rosemberg, mort dans l'abbaye de Bonsolas en Toscane, le 21 juin 1710 (traduit de l'italien). — Avignon, 1711. — 1 vol. in-18, mar. bleu, avec les armes de Forbin sur le plat sup.

N° 1381, C. S.-M.

179. — *1710, 21 juin.*

Vie des justes dans la profession des armes : le frère Arsène de [Forbin] Janson, connu dans le monde sous le nom de comte de Rosemberg, par l'abbé Caron (d'après l'édition de sa *Vie*, publiée à Avignon).

180. — *1722.*

Relation de la vie et de la mort du F. Arsène de Janson, religieux de la Trappe... à Paris, chez Florentin Delaulne.
Imprimé, 76 pages.

181. — *1711-1741.*

Notice sur Mgr. J. de Forbin Janson, archevêque d'Arles, par le R. P. Dom Théophile Bérengier. — Marseille, 1885.
Imprimé, 66 pages.

182. — *1720, 30 octobre.*

Érection de la chapellenie de Saint-Barthélemy dans l'église paroissiale de Sainte-Croix, par Jean-Baptiste Renaud de Forbin. — Note écrite par Jean-Baptiste-Ignace-Isidore, son petit-fils.

183. — *1738.*

Mémoire pour M. Magnan, contre l'élection qui avait été faite d'André-Bernard-Constance de Forbin d'Oppède, chanoine de Saint-Sauveur-d'Aix, abbé de Saint-Florent et aumônier du Roi, comme prévôt de Saint-Sauveur.

184. — *1783 à l'an III.*

Preuves pour l'admission de Mélanie-Aglaé-Charlotte de Forbin, Marie-Françoise-Adélaïde de Forbin, Marie-Anne-Adélaïde de Forbin, Sophie-Pauline de Forbin, Rosalie-Joséphine de Forbin Gardane et Clotilde de Forbin au chapitre de Neuville-les-Dames.
Brevets, certificats, installation et actes divers, en copies.
Toutes étaient filles de Jean-Claude-Palamède, marquis de Forbin Gardane, et de Clotilde-Adélaïde de Félix la Ferratière.

185. — *1788, 28 janvier.*

Nomination de Marie-Charlotte-Alexandrette de Forbin à une prébende du chapitre de Troarn, par Joseph-Alphonse de Very, prélat romain, abbé commendataire de Troarn. — Fait à Paris.

L'un des deux brevets originaux, signé et scellé.

186. — *1807, 17 novembre.*

Lettre du préfet de Vaucluse, commandant *(sic)* de la Légion d'honneur, à Alexandrine de Forbin, ex-chanoinesse de Trouain (Troarn). L'âge qu'elle avait au moment de la Révolution ne lui donne pas de droit à une pension comme ancienne chanoinesse. — D'Avignon.

187. — *?, 20 décembre. — Mercredi-Saint.*

Deux lettres de l'abbé de Forbin Janson; dans la seconde, il est « nommé à l'évêché de Nancy ».

188. — *1824, 11 juillet.*

Lettre pastorale et mandement de Charles-Auguste-Marie-Joseph de Forbin Janson, évêque de Nancy et de Toul, primat de Lorraine, à l'occasion de son entrée dans son diocèse.

Imprimé. — 2 ex.

Au dos de l'un, l'adresse « à M. Augustin d'Oppède »; et au crayon, de la main du marquis Michel-Palamède de Forbin d'Oppède « pour P. des Issarts ».

189. — *1824, 19 septembre.*

Mandement de Charles-Auguste-Marie-Joseph de Forbin Janson, évêque de Nancy et de Toul, primat de Lorraine, ordonnant des prières publiques pour le repos de l'âme de Louis XVIII. — Fait au Mont-Valérien.

Imprimé.

190. — *1825, 10 juin.*

Mandement du même ordonnant un *Te Deum* en actions de grâces du sacre et du couronnement du roi Charles X. — Fait à Paris. Imprimé.

191. — *1829, 29 novembre.*

Lettre de la comtesse de Rougé, née Forbin, au marquis de Forbin des Issarts, son cousin, sur la mort d'Alexandrine de Forbin. De Moreuil.

192. — *1839, 20 mars.*

Bref du pape Grégoire XVI accordant à la chapelle des Issarts, sur la demande du marquis de Forbin des Issarts, l'indulgence de l'autel privilégié. — Reçu de 150 francs pour droits y relatifs.

193. — *1866, 11 août.*

Note sur le portrait de Charlotte Corday par Hauer, et sur la lettre de Charlotte Corday à Barbaroux. — Fac-simile. — Il y est parlé d'Alexandrine de Forbin, chanoinesse de Troarn, et de ses relations avec Charlotte Corday. — Imprimé, sans date et sans nom d'auteur.

Lettre du marquis de Forbin d'Oppède à l'auteur (1), sur Alexandrine de Forbin et sur les quatre demoiselles de Forbin Gardanne devenues chanoinesses comtesses de Neuville. — De la Verdière.

(1) M. Vatel.

VII

OFFICIERS, CHEVALIERS DE MALTE

194. — *1645, 20 juin.*

Bulle de J.-P. Lascaris Castellar, grand maître de Malte, confirmant en faveur de Vincent de Forbin la Fare, la pension de 114 écus d'or que lui avait donnée Albert de Forbin Bonneval, grand prieur de Saint-Gilles, sur les revenus du prieuré, par acte du 31 mars 1645, passé par Claude-Antoine Prat, notaire à Marseille. — Fait à Malte.

195. — *1654, 10 juin.*

Bulle de J.-P. Lascaris Castellar, grand maître de Malte, autorisant Vincent-Anne de Forbins la Fare, à disposer de ses biens héréditaires, à la condition de disposer expressément en faveur de l'ordre, de quelque partie de ces biens, selon sa conscience et sa dévotion. — Fait à Malte.

196. — *1660, 8 janvier.*

Bulle de Raphaël Cotoner, grand maître de Malte, accordant à Vincent de Forbin la Fare une pension de 160 livres sur la commanderie de Trinquetailles. — Fait à Malte.

Sceau de plomb.

197. — *1661, 25 juillet.*

Bulle de Raphaël Cotoner, grand maître de Malte, nommant Vincent-Anne de Forbin la Fare commandeur des Trois Cabanes du Plan de la Peyre, commanderie distraite du grand prieuré de Saint-Gilles, et vacante par la mort de Paul-Albert de Forbin Bonneval, grand prieur, qui venait de mourir. — Fait à Malte.

Sceau de plomb.

198. — *1663, 12 mai.*

Preuves et enquêtes pour la réception dans l'ordre de Malte de Thomas de Fogasses, fils de Balthazard, seigneur de la Bastie, et de Louise-Françoise de Suarès, faites par frères Vincent-Anne de Fourbin la Fare, commandeur du Plan de la Peyre, et François de Morges de Ventavon.
Original, signatures autographes des commissaires et des témoins. 2 sceaux du commandeur de Forbin la Fare.

199. — *1665, 24 février.*

Bulle de Nicolas Cotoner, grand maître de Malte, constatant la réception dans l'ordre de Malte de Renaud de Forbins la Fare Sainte-Croix; Paul-Antoine de Robins Graveson, commandeur de Sainte-Eulalie, lui a remis le manteau de l'ordre. — Fait à Malte.

200. — *1666, 11 mai.*

Bulle de Nicolas Cotoner, grand maître de Malte, transférant à Renaud de Forbin la Fare Sainte-Croix la pension de 277 livres sur le prieuré de Saint-Gilles, que possédait le commandeur Vincent-Anne de Forbin la Fare, par bulle du 20 juin 1645. — Fait à Malte.

Sceau de plomb.

201. — *1666, 11 mai.*

Bulle de Nicolas Cotoner, grand maître de Malte, transférant à Renauld de Forbin la Fare Sainte-Croix la pension de 160 livres sur la commanderie de Trinquetaille, que possédait le commandeur Vincent-Anne de Forbin la Fare. — Fait à Malte.

Sceau de plomb.

202. — *1671, 16 février.*

Bulle de Nicolas Cotoner, grand maître de Malte, nommant Vincent-Anne de Forbin la Fare, commandeur des Trois Cabanes du Plan de la Peyre, procureur de l'ordre dans le grand prieuré de Saint-Gilles, en remplacement de François d'Agoult Sellon. — Fait à Malte.

203. — *1672, 1er mars.*

Bulle de Nicolas Cotoner, grand maître de Malte, donnant à Renaud de Forbin la Fare Sainte-Croix une pension de 76 livres sur la commanderie du Plan de la Peyre, alors possédée par Vincent-Anne de Forbin la Fare. — Fait à Malte.

Sceau de plomb.

204. — *1673, 9 mai.*

Bulle de Nicolas Cotoner, grand maître de Malte, relatant une délibération des chevaliers de la langue de Provence, vantant les qualités dont a fait preuve Vincent-Anne de Forbin la Fare, commandeur du Plan de la Peire, lui conférant des droits « pro suo secundo melioramento », lors de la première vacance qui se produira dans les grands prieurés de Saint-Gilles et de Toulouse. — Fait à Malte.

205. — *1682, 17 février.*

Procuration donnée par Vincent-Anne de Forbin la Fare, commandeur de Saint-Jean-d'Avignon, à Jean-Joseph de Fogasses, seigneur de la Bastie et d'Entrechaux, et à Jean Chabert, de Barbentane, pour le représenter dans son procès contre les habitants de Martignan. — Fait à Malte, Thomas Haguis, notaire.

2 exemplaires.

Archives de la maison de la Bastie, aux Issarts.

206. — *1681, 15 juin, 12 novembre. 1682, 1er et 12 mars, 17 juin, 20 juillet. 1683, 17 septembre.*

Lettres du commandeur de Forbin la Fare (Vincent-Anne de Forbin), à Jean-Joseph de Fogasses la Bastie. De Malte.

Originaux olographes, sceaux. — Celle de 1683 est signée seulement.

Archives de la maison de la Bastie, aux Issarts.

207. — *1685, 3 janvier.*

Commission de capitaine de la galère *l'Illustre* pour le chevalier de Forbin Sainte-Croix. Donné à Versailles, signé Louis, contresigné Colbert.

208. — *1685, 1er février.*

Lettres du maréchal duc de Vivonne, général des galères de France, reconnaissant et ordonnant de faire reconnaître le chevalier de Forbin Sainte-Croix, en qualité de capitaine de la galère *l'Illustre*. — Fait à Paris.

Original, signé et scellé.

209. — *1688, 10 mai.*

Mandat de paiement de 900 livres adressé au commandeur de Fougères Descluzeaux par le trésor de Malte, et signé par le grand commandeur de Forbin et plusieurs autres dignitaires. — Scellé. Fait à Malte.

210. — *1699, 19 février.*

Billet du chevalier de Forbin en faveur de M. Peynier, sur M. de Forbin Sainte-Croix, pour la somme de 62 livres. — Fait à Toulon.

211. — *1706, 5 décembre.*

Lettre de M. Imbert, chanoine, sur les affaires du chevalier de Forbin, qui est envoyé au Port-Louis par ordre du Roi du 21 novembre 1706. — De Toulon.
Papiers Tache, aux Issarts.

212. — *1706-1707.*

Lettres du chevalier de Forbin à M. de Tache, sur ses affaires :
 1706, 5 décembre, de Toulon,
 1707, 23 avril, de Nantes,
 1707, 2 mai, de Port-Louis.
Papiers Tache, aux Issarts.

213. — *1707, 12 mai.*

Lettre du chevalier de Forbin au marquis de Forbin de Sainte-Croix. Il se plaint de l'état de ses affaires, demande à être recommandé « à M. de Fourbin qui comende à Dunquerque », et espère aller passer quelques jours à Sainte-Croix.

214. — *1744, 1er mars.*

Commission de capitaine au régiment de dragons de Septimanie pour le sieur Forbin (1). — Fait à Versailles ; signé Louis, et plus bas de Voyer d'Argenson, avec l'ordre du comte de Coigny, colonel-général des dragons, pour le faire reconnaître en cette qualité.

(1) Marc-Antoine de Forbin, fils aîné de François-Palamède.

215. — *1747, 20 janvier.*

Brevet de second cornette en la compagnie des chevau-légers de Berry, en remplacement du sieur Duplessis-Châtillon, pour le s^r de Forbin, capitaine dans le régiment de dragons de Septimanie. — Fait à Versailles; signé Louis, et plus bas, De Voyer d'Argenson.

216. — *1747, 20 janvier.*

Commission de lieutenant-colonel de cavalerie pour le s^r de Forbin, second cornette en la compagnie des chevau-légers de Berry. — Fait à Versailles; signé Louis, et plus bas, De Voyer d'Argenson.

217. — *1747, 15 avril.*

Commission de capitaine dans le régiment de dragons de Septimanie, en remplacement du capitaine Forbin, promu à un guidon de gendarmerie, pour le capitaine Forbin (en marge, chevalier de Forbin), cornette dans le régiment de dragons de Septimanie. — Fait à Versailles, signé Louis, et plus bas, de Voyer d'Argenson.

Il s'agit de Jean-Baptiste-Ignace-Isidore, qui succède à son frère aîné, Marc-Antoine de Forbin.

218. — *1748, 5 juillet.*

Ordonnance des maréchaux de France portant que le marquis de Forbin paiera au baron de Travers la somme de 50.000 livres, et défendant toutes voies de fait aux parties. — Fait à Paris.

Deux promesses de paiement de 10.800 et 12.840 livres faites par M. de Forbin au baron de Travers.

219. — *1785 (?).*

Énumération des actes devant servir aux preuves des enfants de Jean-Baptiste-Ignace-Isidore, comte de Forbin, et de Madeleine Léontine d'Arcussia pour entrer dans l'ordre de Malte.

Tableau des 16 quartiers des mêmes.

220. — *1789, 4 juin.*

Lettre de M. de Bonneval au marquis de Forbin, son cousin, sur les débuts d'Henri de Forbin dans la marine. — De Toulon.

221. — *1789, 11 août.*

Bulle d'Emmanuel de Rohan, grand maître de Malte, dispensant Charles-Joseph-Léon de Forbin des Essarts de faire sa quatrième caravane. — Fait à Malte.

222. — *1789, 25 avril.*
1790, 23 février.
1792, 15 mai.
1793, 15 mai.
1794, 27 mai.
1795, 6 mai.

Bulles d'Emmanuel de Rohan, grand maître de Malte, prorogeant les délais de paiement du droit de passage, pour André-Joseph-Félix de Forbin des Issarts, reçu chevalier avec dispense d'âge. Fait à Malte.

Y joint les lettres apostoliques du 21 avril 1795, permettant de prolonger encore les délais ordinaires, en faveur des chevaliers des trois langues de Provence, d'Auvergne et de France; et un reçu des droits dûs pour les bulles de 1793. — Fait à Rome le 22 juin 1793.

223. — *1790, 5 octobre.*

Mémoire de M. de Forbin, capitaine de dragons réformé, au sujet de la pension qu'il touchait en cette qualité. Il y relate ses services. —Fait à Avignon (?).
Olographe.

224 — *1791, 21 février.*

Lettre au duc de Crillon, pour lui annoncer que le Roi d'Espagne a, sur sa demande, accordé au chevalier Forbin Desissart la place de garde marine. — Signée Valdez.

225. — *1791, 27 avril.*

Avis de la nomination de D. Josef Forbin de Sissarts en qualité de garde marine dans la flotte espagnole; ordre de le recevoir en cette qualité. Signé Valdez. — Fait à Aranjuez.

226. — *1791, 21 mai.*

Permission de se retirer du service donnée au sieur Forbin des Issars, élève de la 2ᵉ classe, de la 2ᵉ division de la 6ᵉ escadre. — Fait à Paris. — Signé Louis, et plus bas Thevenard.

227. — *1792, 22 avril.*

Brevet d'enseigne de frégate pour D. Jose Forbin y Darcusia. — Fait à Aranjuez.

228. — *1792, 20 octobre.*

Lettre de change du chevalier Léon de Forbin des Issards, à l'ordre de M. Rosembaun, échevin. — Fait à Coblentz.

229. — *1796, 27 août.*

Brevet d'enseigne de vaisseau pour D. Joseph Henriquez Forbin. — Fait à Sⁿ Yldefonso.

230. — *1796, 28 septembre.*

Certificat, donné au comte Joseph-Louis-François-Palamède de Forbin des Issarts, de ses services dans l'armée sarde. — Fait à Turin.

231. — *1797, 17 mai.*

Brevet de Charles-Emmanuel, roi de Sardaigne, nommant le comte Joseph-Louis-François-Palamède de Forbin, lieutenant dans le corps des cavaliers francs, à une lieutenance dans un régiment de troupes légères. — Fait à Turin. — Signé C. Emmanuele, et plus bas Di Colloretto.

232. — *1797, 25 octobre.*

Brevet de Charles-Emmanuel, roi de Sardaigne, nommant le comte Joseph-Louis-François-Palamède de Forbin second adjudant-major dans un régiment de troupes légères. — Fait à Turin. — Signé C. Emanuele et plus bas Di Colloretto.

233. — *1800.*

Notes sur la blessure et les derniers moments du comte Louis-Joseph-François-Palamède de Forbin des Issarts, les 5 et 6 avril 1799. — Deux pièces, l'une de la main de Jean-Baptiste-Ignace-Isidore, son père; l'autre en italien, avec une note autographe du même.

234. — *1800, 6 décembre.*

Lettre d'Henri de Forbin à son père, Jean-Baptiste-Ignace-Isidore, sur l'épidémie qui a régné en Espagne, où il servait comme officier de marine. — De Cadix.

235. — *an X, 16 pluviôse.*

Enquête prouvant que Don Henrique Forben, chevalier de l'ordre de Saint-Jean, enseigne de vaisseau dans la marine royale [espagnole] n'est pas marié. — Signatures certifiées par le commissaire des relations commerciales de la république française en Andalousie. — Fait à Cadix.

236. — *1802, 5 juillet.*

Brevet de lieutenant de frégate pour Don Enrrique de Forbin. Donné à Madrid.

237. — *1803, 3 août, 25 décembre.*
1804, 9 avril.

Lettres de M. Esprit Batono, ancien capitaine au service du Roi de Sardaigne, relatives à Palamède de Forbin, qui avait servi avec lui. De Verceil.

238. — *1808, 15 mai.*

Lettre ministérielle adressée à M. de Forbin sur les pièces nécessaires pour l'admission de son fils (Amédée de Forbin), à l'École Militaire. — De Paris.

239. — *1809-1812.*

Lettres d'Amédée de Forbin, à son père, Jean-Baptiste-Ignace-Isidore :
30 juillet 1809, de Saint-Cyr.
2 juin, 1812 (?), d'Arnheim ;
23 août 1812, de Tilsitt ;
26 septembre 1812, de Dubrowna.

240. — *1812, 22 mai.*

Lettre de Palamède [de Forbin Janson] à M. de Forbin père, sur le séjour d'Amédée de Forbin à Paris, avant son départ pour Amiens. — De Paris.

241. — *1812, 18 octobre.*

Lettre de Palamède de [Forbin] Janson à Jean-Baptiste-Ignace-Isidore de Forbin, sur les affaires d'Amédée de Forbin des Issarts, second fils de ce dernier.

242. — *1813, 17 septembre.*

Reçu de 144 francs, dûs par le chevalier [Léon] de Forbin, sous-lieutenant au régiment de Boulonnais, donné à Henri de Forbin, son frère, par le général de division Dubouquet. — Fait à Cucuron.

243. — *1814, 23 mai.*

Brouillon de la demande faite par Charles-Joseph-Louis-Henri, marquis de Forbin, pour obtenir la croix de Saint-Louis. — Fait à Paris.

Sur la même feuille, et sur une autre y jointe, note relative à la grandesse d'Espagne que possédait le duc de Céreste (Brancas). — Le tout olographe.

Y joint une généalogie sommaire de la maison de Brancas, écrite par Henri-Palamède de Forbin, petit-fils du précédent.

Papiers Brancas, aux Issarts.

244. — *1814, 2 juin.*

Lettre du duc de Luxembourg annonçant à M. de Forbin des Issarts sa nomination de sous-lieutenant des gardes du corps. De Paris.

245. — *1814, 7 juin.*

Certificat du duc de Luxembourg, portant qu'il a remis la croix de Saint-Louis au marquis de Forbin. Fait à Paris. Signé et scellé.

246. — *1814, 29 juin.*

Lettre du duc de Luxembourg annonçant au marquis Forbin des Issarts sa nomination de chevalier de Saint-Louis. — De Paris.

247. — *1814, 9 juillet.*

Autorisation de porter la décoration de la Fleur de Lys, pour M. de Forbin des Issarts. Fait à Paris ; signé, comte de la Ferronays.

248. — *1814, 31 juillet.*

Lettre du ministre de la marine annonçant au marquis de Forbin que le Roi lui a conféré la décoration de l'ordre de Saint-Louis. De Paris.

249. — *1814, 31 juillet.*

Brevet retenant Charles-Joseph-Louis-Henry, marquis de Forbin des Issart (*sic*), chevalier de l'ordre de Saint-Louis, en la charge de sous-lieutenant des gardes du corps de la compagnie du duc de Luxembourg. — Donné à Paris. Signé Louis, et plus bas Blacas d'Aulps. — Sceau.

250. — *1814, 17 août.*

Brevet conférant au marquis de Forbin des Issarts, sous-lieutenant dans la 4ᵉ compagnie des gardes du corps, le grade de colonel. Donné aux Tuileries. Signé Louis, et plus bas, le comte Dupont.

251. — *1814, 12 décembre.*

Autorisation de porter la croix d'or de l'ordre de Saint-Jean de Jérusalem, donnée par la commission des langues françaises à Charles-Joseph-Louis-Henry de Forbin. Fait à Paris. — Sceau.

252. — *1815, 1ᵉʳ novembre.*

Brevet de lieutenant des gardes du corps dans la compagnie du duc de Luxembourg pour le marquis de Forbin des Issarts (Charles-Joseph-Louis-Henry). Donné à Paris. Signé Louis, et plus bas, maréchal D. de Feltre. — Sceau.

253. — *1815, 2 novembre.*

Lettre du duc de Luxembourg annonçant au marquis de Forbin des Essarts sa nomination de lieutenant des gardes du corps dans sa compagnie. De Paris.

254. — ? *(après le 1ᵉʳ novembre 1815).*

État des services du marquis de Forbin des Issarts. Note écrite de sa main.

255. — *1816, 1ᵉʳ janvier.*

Certificat donné par le duc de Berry au marquis de Forbin des Issarts, sous-lieutenant de la compagnie Luxembourg, qui avait fait partie de son corps d'armée en Belgique. — Fait aux Tuileries.

256. — *1817, 21 octobre.*

Certificat du ministre de la marine, relatant les services du sieur de Forbin des Issarts (Joseph-Henri-Charles-Louis), de 1788 à 1791. — Fait à Paris.

257. — *1818, 29 janvier.*

Lettre d'avis de l'admission d'Alfred de Forbin, à l'école de la Flèche. Signé : baron Evain. De Paris.

258. — *1818, 1ᵉʳ février.*

Lettre du duc de Luxembourg au marquis de Forbin, lieutenant des gardes du corps : son fils (Gabriel-Joseph-Palamède) est encore trop jeune pour être reçu dans les Gardes du Corps.

259. — *s. d. (vers 1820).*

Brouillons de lettres et notes tendant à obtenir la mise en activité de service du comte Amédée de Forbin, capitaine en disponibilité, chevalier de la Légion-d'honneur et de Saint Maurice de Sardaigne.
De la main du marquis de Forbin des Issarts, son frère aîné.

260. — *1822, 22 novembre.*

Lettre du ministre de la guerre annonçant à M. de Forbin des Issarts (Gabriel-Joseph-Palamède), élève sous-lieutenant de l'école de Saint-Cyr, sa nomination de Garde du Corps de troisième classe. — Fait à Paris.

261. — *1823, 22 janvier.*

Etat des services de M. de Forbin des Issarts (Gabriel-Joseph-Palamède). — Fait à Saint-Cyr, par le conseil d'administration de l'école.

262. — *1823, 21 mars.*

Lettre du maréchal duc de Bellune, ministre de la guerre, annonçant au marquis de Forbin des Issarts, lieutenant des gardes du corps, sa nomination de maréchal de camp.

263. — *1825, 2e trimestre.*

Bulletin trimestriel d'Odon de Forbin au collège royal de la marine.

264. — *1825, 15 juillet ;*
1826, 26 octobre ;
1826, 30 octobre.

Lettres d'avis du ministre de la guerre à M. Forbin des Issarts (Gabriel-Joseph-Palamède), de sa nomination
    au 2ᵉ régiment de carabiniers, à Pont-à-Mousson ;
  » 8ᵉ   »   » dragons, à Poitiers.
  » 9ᵉ   »   » dragons.

265. — *1825, 1ᵉʳ août.*

Certificat du duc de Luxembourg, témoignant sa satisfaction des services de M. de Forbin des Issarts (Gabriel-Joseph-Palamède), garde du corps dans sa compagnie, nommé, par ordonnance du 13 juillet 1825, sous-lieutenant au 2ᵉ régiment de Carabiniers. — Fait à Paris.

266. — *1826, 5 juin.*

Lettre du ministre de la guerre au marquis de Forbin des Issarts : modification du classement de son fils (1) sur la liste des officiers du 2ᵉ régiment de carabiniers ; il y avait eu erreur. De Paris.

267. — *1826, 17 novembre ;*
1827, 22 février.

Congés accordés à M. de Forbin des Issarts, sous-lieutenant au 9ᵉ régiment de dragons.

268. — *1827, 18 mai.*

Lettre d'avis du ministre de la guerre à M. Forbin des Issarts, sous-lieutenant au 9ᵉ régiment de dragons : le roi a approuvé sa demande de mise en non activité sans solde.

269. — *1830, 20 juillet.*

Lettre du vicomte de Champagny, sous-secrétaire d'état au ministère de la guerre ; il remercie le marquis de Forbin des Issarts de ses félicitations pour sa nomination de député de la Loire. Il appellera l'attention du dauphin sur la brillante conduite de son fils pendant la campagne d'Alger. — De Paris. Signature autographe.

270. — *1853, 12 mars, 2 avril.*

Ordre de retour pour Gabriel-Joseph-Louis-Arthur Forbin des Issarts. Certificat d'embarquement pour le même, embarqué à bord du *Boieldieu*, du 5 novembre 1852 au 12 mars 1853 ; ce qui satisfait aux

---

(1) Gabriel-Joseph-Palamède.

conditions imposées pour l'admission au concours de l'Ecole navale, jusqu'à l'âge de dix-huit ans. — Fait au Hâvre.

271. — *1858, 8 juillet.*

Certificat de libération du service pour Charles-Joseph-Henri-Palamède Forbin des Issarts, fils de Gabriel-J.-Palamède et de Joséphine-Gabrielle-Marie de Joannis Verclos. — Fait à Avignon.

VIII

CONVENTIONS, DONATIONS, PARTAGES
LETTRES DIVERSES
LIVRES DE COMPTES ET DE RAISON

272. — *1629, 19 février.*

Transaction entre François-Anne de Forbin, sieur de la Fare, conseiller du Roi en sa Cour des Comptes, aydes et finances de Provence, et Vincent-Anne de [Forbin] Maynier, seigneur et baron d'Oppède, la Fare, Vitrolles et Vaucluse, son frère, héritier de sa mère, Claire de Pérussis, suivant son testament du 19 septembre 1616 (de Laudes, notaire à Avignon), sur la pension de 2.400 livres que celle-ci avait promise à François-Anne dans son contrat de mariage : il reçoit les terres de Barbentane, 3.000 livres payables en six ans, et deux vignes au terroir d'Aix. — Fait à Aix, Borrelli, notaire.

273. — *1705, 26 février.*

Convention entre Jean-Baptiste Renaud de Forbin de Barthèlemy de Sainte-Croix, et Joseph de Fourbin de Sainte-Croix, chevalier de l'ordre de Saint-Jean de Jérusalem, enseigne sur les vaisseaux du Roi ; le chevalier renonce à la pension de 400 livres, à lui laissée pour tous ses droits paternels, réduite à 300 livres par l'entremise de Rolin de Fourbin de

Sainte-Croix et de François de Galliens, marquis des Yssards, à cause des substitutions existantes, à la condition que son frère paiera certaines dettes énumérées dans l'acte et lui continuera la pension de 800 livres pour ses droits maternels. — Fait à Avignon, Mantillery, notaire.

274. — *1706-1707.*

Lettres de [Rollin de] Forbin, archidiacre de Saint-Sauveur, à M. de Tache. — D'Aix.
8 janvier, 6 décembre, 17 décembre, 22 décembre, dimanche, 1706 ; 4 avril, 23 mai 1707.
Papiers Tache, aux Issarts.

275 — *1706-1707.*

Lettres de Mme de Forbin à M. de Tache. — D'Aix.
14 et 18 décembre 1706 ;
28 janvier ; 9 février ; avril ; 22 avril et 8 juin 1707.
Papiers Tache, aux Issarts.

276. — *1707*

Lettres de [Jean-Baptiste Renaud de] Forbin Sainte-Croix à M. de Tache, son beau-père.
16 mai, d'Aix ;
18 mai, de Sainte-Croix ;
25 mai, 3 et 6 juin, d'Aix.
Papiers Tache, aux Issarts.

277. — *1707, 27 juillet.*

Lettre de l'abbé de Forbin Sainte-Croix sur un procès que soutenait son frère, et pour lequel on lui demandait d'obtenir l'intervention du cardinal de Forbin Janson. — De Beauvais.

278. — *1710, 22 mars.*

Donation faite par Honoré de Forbin Sainte-Croix la Fare, capitaine au régiment de Castelet infanterie, à son frère Jean-Baptiste Renaud de Barthèlemy de Forbin, seigneur de Sainte-Croix, de tous ses droits, paternels et maternels, qui, se montant à 11.000 livres, avaient été réduits à 6.000 par ses dépenses pour sa compagnie, etc., et ne lui produisaient plus que 300 livres, somme insuffisante pour le soutenir dans le service. Renaud, en échange de cette donation, s'engage à lui faire une pension de 500 livres. — Fait à Avignon, Fellon, notaire.

279. — *1718, 15 mars.*

Quittance de 5.000 livres, restant de la dot de Madeleine-Thérèse de Tache, payées par son père à Jean-Baptiste Renaud de Forbin de Barthèlemy, qui avait récemment acquis l'ancien collège du Roure, dans la paroisse Saint-Agricol ; M. de Tache donne les 5.000 livres à son gendre, bien qu'il ne les eût promis qu'après son décès et celui de sa femme, pour contribuer aux dépenses qu'entraîne l'arrangement d' « une aussy grande et belle maison (1) ». — Fait à Avignon, dans la maison dudit seigneur de Forbin. Fellon, notaire.

280. — *s. d.; après le 21 mars 1722.*

Transaction entre Jean-Baptiste Renaud de Forbin, seigneur de Sainte-Croix, et Lucrèce Séren, par laquelle celle-ci cède au premier tous ses droits et prétentions sur l'héritage de Rollin de Forbin Sainte-Croix moyennant 3.500 livres. — Il y est fait mention des deux testaments de Rollin de Forbin : l'un fait à Aix en 1699, Eyssautier, notaire ; l'autre, fait à Toulon le 27 novembre 1720.

Extrait informe.

281. — *1725, 24 avril.*

Engagement de M. de Forbin Sainte-Croix de payer à M. de Sobiras une pension viagère de 15 livres. — Fait à Avignon.

(1) L'hôtel Forbin est maintenant la préfecture de Vaucluse.

282. — *1738, 26 avril.*

Compte entre la marquise de (Forbin) Sainte-Croix, procuratrice du marquis de Forbin Sainte-Croix, et le comte de Rochefort Brancas (son beau-frère). — Fait double à Avignon. — Signatures autographes.

283. — *1746, 4 septembre.*

Lettre de M. de Forbin Sainte-Croix (François-Palamède de Forbin) au comte de Rochefort Brancas sur diverses affaires. — De Viviers.
Papiers Brancas Rochefort, aux Issarts.

284. — *1768, 18 juillet.*

Modèle des procuration, quittance et déclaration que doivent faire le comte de Lascaris et Césarée de Forbin, son épouse, pour certains paiements de la dot de cette dernière. On y mentionne les articles de mariage de M. et Mme de Lascaris, signés à Nice le 9 août 1765, et à Avignon le 22 septembre 1765.

285. — *1769, 13 septembre.*

Inventaire des biens laissés par Jeanne de Tache, comtesse de Rochefort, dame de Saint-Roman, veuve de Louis-André de Brancas, des comtes de Forcalquier, comte de Rochefort, seigneur de Saint-Roman, dont François-Palamède, marquis de Forbin Sainte-Croix, seigneur des Issards, Saint-Roman, etc., avait hérité en vertu de son testament du 31 mai 1766. — Fait à Avignon, dans l'hôtel du marquis de Forbin, Poncet, notaire.

286. — *1773, 29 novembre.*

Rémission de l'entière jouissance de ses biens, faite par François-Palamède, marquis de Forbin Sainte-Croix, seigneur des Issarts, etc., à Jean-Baptiste-Ignace-Isidore, comte de Forbin, seigneur de Saint-Roman, les Issarts, etc., viguier d'Avignon, son fils, sous la condition d'une pension annuelle de 6.076 livres. — Fait à Avignon, à l'hôtèl Forbin, Poncet notaire.

287. — *1774, 11 octobre.*

Convention entre Marie-Françoise d'Amat de Graveson, marquise de Forbin, veuve de François-Palamède, marquis de Forbin Sainte-Croix, et Jean-Baptiste-Isidore-Ignace, comte de Forbin, seigneur des Issarts, Saint-Roman, etc., relativement aux reprises et droits de la première, après la mort de son mari. On y mentionne un certain nombre d'actes relatifs aux biens de M. et Mme de Forbin.

Suit une déclaration du 30 décembre 1774, élucidant certains points de la convention du 11 octobre. — Fait à Avignon, dans l'hôtel de Forbin, Poncet notaire.

Notes marginales d'Isidore de Forbin.

288. — *1778, 9 décembre.*

Arrêté de compte entre la marquise de Forbin Sainte-Croix et le comte de Forbin, son fils. — Fait aux Issarts. Écrit par ce dernier.

Approbation et signature autographe de Mme de Forbin.

289. — *1787, 4 janvier. — 1790 (?), 28 septembre.*

Deux lettres du marquis de Lubières au comte de Forbin des Issarts, son beau-frère, sur les affaires d'Arcussia. — D'Aix.

290. — *an X, 28 ventôse.*

Livre de compte de mes dépenses journalières, commencé le 28 ventôse, an X; écrit par Isidore de Forbin, Henri, son fils, et Mme de Forbin, née la Bastie, sa belle-fille. Il y a des mentions jusqu'en 1814.

291. — *an X, 19 fructidor, à 1808, 25 février.*

Actes dûs à Poncet, notaire, par M. de Forbin père; énumération de 12 actes; somme dûe : 285 livres.

292. — *an X à 1807.*

Livre de raison. Affaires de Mme de Forbin d'Arcussia, 28 ventôse, an X, et de M. de Forbin, 19 fructidor, an X.

Les premières pages ont été coupées, il ne reste plus dans ce livre que la liste des acquisitions faites aux Issarts, de l'an X à l'an XII; un testament d'Henri de Forbin, du 20 décembre 1802 (30 frimaire, an XI), complété le 24 octobre 1804 et le 25 mars 1807, et la mention de la naissance de plusieurs de ses enfants.

293. — *an XI, 7 et 11 brumaire.*

Bordereaux de créances dotales et avantages matrimoniaux au profit de Madeleine-Léontine Darcussia, épouse du c^en Jean-Baptiste-Ignace-Isidore Forbin. — Inscription au bureau des hypothèques, à Avignon, à Uzès et à Nîmes.

294. — *an XII, 5 prairial.*

Reconnaissance faite par Jean-Baptiste-Ignace-Isidore Forbin, qu'il a reçu à diverses époques la somme de 10.000 francs, dûs par différents débiteurs à Madeleine-Léontine Darcussia, sa femme, qui pourra les prélever sur ses biens, comme faisant partie de sa dot. — Fait à Avignon, Poncet, notaire.

295. — *an XIII, 22 messidor.*

Convention pour le partage des revenus de la succession d'Arcussia, passée entre Henri de Forbin, au nom d'Isidore de Forbin et de Léontine d'Arcussia, ses parents, et Jean-Baptiste-Florentin-Gabriel de Meyran-Lagoy, au nom de sa femme et des autres enfants de Mme de Lubières, née d'Arcussia.

Convention entre les mêmes personnes, pour la répétition par les hoirs Lubières des avances faites par eux à Isidore de Forbin. — Fait à Saint-Remy, à six originaux.

Originaux, écrits en entier par M. de Lagoy; approbation et signatures autographes de M. et Mme de Forbin et d'Henri de Forbin.

296. — s. d. (?), 11 mars, 27 avril.

Deux lettres de Palamède de [Forbin] Janson à Henri de Forbin sur diverses affaires. — De Paris. — Il est question dans la seconde de son prochain mariage.

297. — 1806, 10 mai.

Nomination de Paul-André Fogasse-la-Bâtie comme subrogé-tuteur d'Auguste-Joseph-Amédée Forbin, son cousin germain, fils de Jean-Baptiste-Ignace-Isidore Forbin et de Madeleine-Léontine d'Arcussia, et frère de Joseph-Henri-Charles-Louis Forbin. — Fait à Avignon.

298. — 1806, 16 juillet.

Convention passée entre Jean-Baptiste-Ignace-Isidore de Forbin, père et tuteur de Joseph-Augustin-Amédée de Forbin, son fils, Marie-Charlotte-Alexandrine de Forbin, Marie-Agricole-Julienne de Forbin et Octave Corvésy Lascaris, son mari, Marie-Charlotte-Sabine de Forbin et Charles-Isidore d'Averton, son mari, d'une part — et Charles-Joseph-Louis-Henri de Forbin, de l'autre, pour la délivrance à ce dernier du legs préciputaire que lui avait fait sa mère, Madeleine-Léontine d'Arcussia, décédée le 28 avril précédent. — Fait à Avignon, Poncet, notaire, 2 ex.

299. — 1806, 14 septembre.

Ratification par Octave Corvesi Lascaris, époux de Marie-Agricole-Juliénne de Forbin, d'un acte passé à Avignon, le 16 juillet 1806, notaire Poncet, entre Jean-Baptiste-Ignace-Isidore de Forbin, tuteur légal de Joseph-Auguste-Amédée de Forbin, Marie-Charlotte-Alexandrine de Forbin, Octave Corvesy Lascaris, mari constitutaire général de Marie-Agricole-Julienne de Forbin, ayant Jean-Antoine de Chabert comme procureur, Marie-Charlotte-Sabine de Forbin, épouse de Charles-Isidore d'Averton, d'une part, et Charles-Joseph-Louis-Henri de Forbin, d'autre, relatif à la succession de Madeleine-Léontine Darcussia, épouse de Jean-Baptiste-Ignace-Isidore de Forbin, décédée le 28 avril 1806. — Fait à Tende, Chianea, notaire.

300. — *1806, 9 octobre.*

Procuration générale donnée par Jean-Baptiste-Ignace-Isidore de Forbin, à Henri de Forbin, son fils. — Fait à Avignon, Poncet, notaire.

301. — *1806, 27 octobre.*

Quittance des droits d'enregistrement dûs pour la succession de Madeleine-Léontine d'Arcussia, femme de Jean-Baptiste-Ignace-Isidore de Forbin, reçus de Joseph-Henri-Charles de Forbin, son fils. — Fait à Martigues.

302. — *1806 et suiv.*

Livre des comptes de l'hoirie de Mme de Forbin, née d'Arcussia. Écrit, en partie par Henri de Forbin, en partie par sa femme, Adélaïde de la Bastie.

303. — *1806-1851.*

Livre de raison d'Henri, marquis de Forbin des Issarts.

304. — *1807, 15 mai.*

Procuration donnée par Octave-Louis de Corvésy Lascaris, à Marie-Agricoline-Julienne de Forbin, son épouse, pour gérer leurs affaires et leurs biens, spécialement ceux provenus ou à provenir d'Isidore de Forbin, son père, et de Léontine d'Arcussia, sa mère. — Fait à Breglio, canton de Saorgio; Bosio, notaire.

305. — *1807, 14 juin.*

Arrangement de famille, par lequel Jean-Baptiste-Ignace-Isidore de Forbin désempare à ses cinq enfants : Henri et Amédée de Forbin, Alexandrine, Julienne et Sabine de Forbin, une partie de ses biens, à la condition qu'ils le tiendront quitte de la dot de leur mère, Madeleine-

Léontine d'Arcussia, et qu'ils acquitteront certaines dettes. — Fait à Avignon. — Un des cinq originaux, portant l'approbation et la signature autographes de Jean-Baptiste-Ignace-Isidore, d'Henri de Forbin, et des trois filles, de M. Charles-Isidore d'Averton, mari de Sabine de Forbin.

Suivent : 1° Une déclaration olographe d'Alexandrine de Forbin, du 19 août 1809 ;

2° La ratification par le procureur d'Amédée de Forbin, du 30 juin 1812.

306. — *1807-1850*.

Lettres diverses adressées au marquis de Forbin des Issarts ou écrites par lui.

Environ 25 pièces ; entre autres, une lettre de Jean-Baptiste-Ignace-Isidore, son père, deux de lui au comte de la Bastie, son beau-père, deux au marquis de Verclos, son cousin.

307. — *1812, 27 mars et 13 juin*.

Consentement donné par Marie-Charlotte-Sabine Forbin, épouse de Charles-Isidor *(sic)* Daverton, Charles-Joseph-Louis-Henri de Forbin et Marie-Charlotte-Alexandrine de Forbin ; — Joseph-François Boyer, procureur de Joseph-Augustin-Amédée de Forbin, en vertu de sa procuration du 12 avril 1812 ; — et Marie-Agricoline-Julienne de Forbin, épouse d'Octave-Louis-Frédéric de Corvésy Lascaris ; à la radiation des hypothèques prises sur les biens de Jean-Baptiste-Ignace-Isidore de Forbin, leur père, pour le montant des droits de Madeleine-Léontine d'Arcussia de Forbin, sa femme. — Fait à Dieppe, Boisseau, notaire (2 ex.). — Fait à Avignon, Poncet, notaire (3 + 3 + 3 ex.).

308. — *1813, 9 février*.

Livre de compte pour l'hoirie d'Isidore de Forbin (jusqu'en 1831). — Écrit par Henri de Forbin et sa femme.

309. — *1813, 17 juin.*

Répudiation par Marie-Agricole-Julienne de Forbin, épouse d'Octave-Louis-Frédéric de Corvesi Lascaris, de la succession de Jean-Baptiste-Ignace-Isidore de Forbin, son père, décédé à Avignon, le 8 février 1813, — pour s'en tenir au donatif contenu dans son contrat de mariage, passé le 12 mai 1791, Sauvaigo, notaire à Nice. Fait à Avignon.

310. — *1813, 6 et 26 juillet, 2 août.*

Quittances des droits dûs pour la succession de Jean-Baptiste-Ignace-Isidore de Forbin, décédé le 8 février. Fait à Villeneuve, Beaucaire et Avignon.

311. — *1813, 2 août.*

État de la succession de M. de Forbin; projet de partage de ses biens entre ses enfants.
6 pièces écrites par Henri de Forbin, une seule est datée.

312. — *1814 (?).*

Notes instructives pour les affaires de M. de Forbin. Écrites par ce dernier pour servir de guide à sa femme (au moment où il partait pour Paris?). 7 pages.

313. — *1825, 1er octobre.*

Livre des comptes du marquis de Forbin des Issarts; du 1er octobre 1825 au 1er septembre 1835.
Autre livre de comptes pour son écurie (1828-1830).

314. — *1825, 5 octobre.*

Procuration donnée à Joseph-Henri-Charles-Louis, marquis de Forbin des Issarts, maréchal de camp, etc., par son frère Amédée-

Joseph-Augustin, comte de Forbin des Issarts, et ses sœurs, Marie-Charlotte-Alexandrine, ex-chanoinesse, et Charlotte-Marie-Sabine, épouse de Charles-Isidore, comte d'Averton de Bonneveaux; tous cohéritiers de Jean-Baptiste-Ignace-Isidore, comte de Forbin des Issarts, leur père, à l'effet de recevoir ce qui leur sera alloué, en vertu de la loi du 27 avril 1825, sur l'indemnité accordée aux émigrés. — Fait à Avignon, Barbeirassy, notaire.

315. — *1829, 20 novembre.*

Envoi en possession de l'héritage de Marie-Charlotte-Alexandrine, comtesse de Forbin, décédée à Avignon le 7 novembre, pour son frère Henri, marquis de Forbin des Issarts, pair de France, qu'elle avait institué son héritier universel par testament olographe du 22 juillet 1829, déposé chez Barbeirassy, notaire. — Fait à Avignon.

Y joint la délivrance d'un legs de 4.000 francs fait par la testatrice au grand séminaire d'Avignon. Fait à Avignon, 26 octobre 1832, Barbeirassy, notaire.

316. — *1830-1832.*

Succession d'Étienne-Martin-Balthazard-Parfait-André de Morel, comte de Mons Villeneuve, archevêque d'Avignon, pair de France, qui avait institué le marquis de Forbin des Issarts, maréchal de camp, son héritier universel.

Pièces diverses, délivrance de legs, etc.

317. — *s. d. (1840, ?).*

Note du marquis de Forbin des Issarts, sur les partages et les diverses conventions passés entre lui, son frère et ses sœurs, pour leur fortune patrimoniale.

Olographe.

318. — *1842, 18 avril.*

Reçu des droits dûs pour la succession de la comtesse de la Bastie,

née de Lubières, décédée à Avignon, le 2 novembre 1841, en faveur du marquis de Forbin des Issarts. Fait à Saint-Remy.
<small>Papiers Lubières, aux Issarts.</small>

319. — *1835-1868.*

Lettres écrites à ou par Gabriel Palamède, Henri Palamède, Odon et Arthur de Forbin, Mmes de Forbin, nées la Bastie et Verclos, Marguerite de Forbin, vicomtesse du Mesnil.

320. — *1844, 10 juin.*

Lettre de la duchesse de Montmorency, née Goyon Matignon, au marquis de Forbin des Issarts; elle a été charmée de voir son fils et sa belle-fille; mais elle regrette le mauvais état de santé de sa sœur, Mme de Corvésy Lascaris. D'Auteuil.

321. — *1854 à 1876.*

Pièces diverses concernant les affaires du comte Odon de Forbin et sa succession (il avait par son testament olographe du 15 août 1870, institué le marquis de Forbin des Issarts, son neveu, son héritier universel).
Comptes, lettres, délivrance de legs, obligations, etc.

322. — *1859, 29 août.*

Liquidation et partage de communauté et succession d'Alphonse-Étienne-Georges Piscatory, baron de Vaufreland, entre la baronne de Vaufreland, sa femme, le baron Fortuné de Vaufreland, son fils, Anne-Marguerite-Pauline Piscatory de Vaufreland, comtesse de Forbin des Issarts, sa fille, et Charles-Joseph-Henri Palamède, comte de Forbin des Issarts. Fait à Paris, Lentaigne et Thion de la Chaume, notaires.

323. — *1863, 11 mars.*

Règlement de la succession du marquis de Verclos, entre le comte de Forbin, le vicomte Arthur de Forbin et la vicomtesse du Mesnil du Buisson, née Forbin, ses petits enfants.

324. — *1863, 21 mai.*

Renouvellement d'inscription de créance hypothécaire au profit de Victor-Charles, vicomte du Menil du Buisson, et de Césarie-Marie-Marguerite de Forbin des Issarts, sa femme, contre Marie-Gabrielle-Adélaïde de Fogasse de Labastie, marquise de Forbin des Issarts, veuve du marquis Charles-Joseph-Henri de Forbin des Issarts, en vertu de leur contrat de mariage, du 23 mars 1853 (Thion de la Chaume, notaire à Paris). — Fait à Tarascon.

325. — *1866, 23 avril.*

Partage de la succession d'Adélaïde-Marie-Gabrielle de Fogasse de Labatie, veuve de Joseph-Henri-Charles-Louis, marquis de Forbin des Issarts, ancien pair de France, fait entre Gabriel-Joseph Palamède, marquis de Forbin des Issarts, et Joseph-Roger-Odon, comte de Forbin des Issarts, ses fils. Fait à Avignon, Coste et Vincenti, notaires.

2 exemplaires.

Y joint une convention sous seing privé du même jour, relative à l'exécution de certaines dispositions du testament de la marquise de Forbin. — L'un des originaux.

326. — *1866, 25 avril.*

Donation faite par Gabriel-Joseph-Palamède, marquis de Forbin des Issarts, à ses deux fils, Charles-Henri-Joseph-Palamède, comte de Forbin des Issarts, et Louis-Joseph-Gabriel-Arthur, vicomte de Forbin des Issarts. Fait à Avignon, Vincenti, notaire.

327. — *1868.*

État du passif de la succession du vicomte Arthur de Forbin.

328. — *1869, 20 avril.*

Partage de la succession de Gabriel-Joseph-Palamède, marquis de Forbin des Issarts, entre Charles-Henri-Joseph-Palamède, marquis de Forbin des Issarts, son fils, et Césarie-Marie-Marguerite de Forbin des Issarts, épouse de Victor-Charles, vicomte du Mesnil du Buisson, sa fille. Fait à Avignon, Vincenti, notaire.

329. — *1872, 9 février.*

Partage de la succession d'Adélaïde-Henriette-Caroline de Perrin de Verts, veuve de César-Auguste-Joseph de Joannis de Verclos, décédée à Avignon le 15 avril 1871, fait entre Charles-Henri-Joseph-Palamède, marquis de Forbin des Issarts, et Césarie-Marie-Marguerite de Forbin des Issarts, épouse de Victor-Charles, vicomte du Mesnil du Buisson, ses petits-enfants. — Fait à Avignon, Vincenti, notaire.

330. — *1872.*

Déclaration de succession de Joseph-Roger-Odon, comte de Forbin des Issarts, décédé à Avignon, le 18 février 1872, ayant, par son testament olographe du 15 août 1870, déposé chez Coste, notaire à Avignon, institué pour héritier Charles-Joseph-Henri-Palamède, marquis de Forbin des Issarts, son neveu. Legs à la comtesse Odon de Forbin, née Casal, sa femme, à la marquise de Forbin, née Vaufreland, sa nièce, à la vicomtesse du Mesnil du Buisson, née Forbin, sa nièce.

331. — *1872, 26 février.*

Convention entre Julie-Gabrielle-Céleste de Casal, veuve de Joseph-Roger-Odon, comte de Forbin des Issarts, et Charles-Joseph-Henri-Palamède, marquis de Forbin des Issarts, héritier universel du comte Odon de Forbin, pour régler certains points des jouissances par lui léguées à sa femme. Fait à Avignon.

L'un des originaux, signé des parties.

IX

LES ISSARTS
DÉNOMBREMENTS, BAUX, AFFAIRES DIVERSES

332. — 1704, 11 octobre.

Consultation de M. de Benoît, advocat et professeur perpétuel, sur la succession de la maison de Galléan des Issarts, et les droits de M. de Fourbin à la recueillir. Fait à Avignon.

Cette succession comprenait principalement la seigneurie des Issarts, le marquisat de Salernes (mâle et femelle), et divers biens à Avignon, auxquels Jean-Baptiste Renaud de Forbin, fils de la fille aînée de Louis de Galléan était appelé par les substitutions établies dans divers testaments, ce que contestait Charles-Hyacinthe de Galléan du Castelet, fils de la fille cadette, désigné par le testament de François II de Galléan.

333. — 1704 et années suivantes.

Notes sur la généalogie de MM. de Galléan des Issarts, pour montrer les droits de M. de Fourbin Sainte-Croix sur leur héritage. Extraits des institutions et substitutions apposées dans les testaments de MM. de Galliens des Yssars.

Plusieurs pièces manuscrites ou imprimées.

334. — *1704 et années suivantes.*

Mémoires et pièces diverses, pour soutenir les prétentions de Jean-Baptiste Renaud de Forbin sur l'héritage de François de Galléan des Issarts.

335. — *1705, janvier.*

Acceptation sous bénéfice d'inventaire de l'héritage de [François de Galléan] marquis de Salernes, seigneur des Issarts et des Angles, etc., par son neveu, Charles-Félix-Hyacinthe de Galléans de Castelet. — Notification à tous les prétendant-droits, et notamment à Jean-Baptiste Renaud de Forbin, marquis de Saint-Croix, à Roland et Honoré de Forbin de Sainte-Croix. — Protestations des avocats de M. de Forbin.

336. — *1705, 3 juin.*

Consultation de M. Bastard, sur les droits de Renaud Fourbin de Sainte-Croix, marquis des Issards, à la succession de MM. de Galléan des Issarts. Fait à Toulouse. — Copie.

337. — *1705, 26 novembre.*

Consultation de M. de Salvador sur la succession de François de Galléan des Issarts, pour M. de Castelet contre M. de Forbin. Délibéré à Avignon.

338. — *1710.*

État du revenu de la seigneurie des Angles, baillé par Félix-Hyacinthe de Galéan de Castellet, coseigneur des Issarts, marquis de Salernes, et Jean-Baptiste de Renaud de Forbin, seigneur de Sainte-Croix.

339. — *1711, 18 septembre.*

Vente de la coupe des bois des Issarts, faite à André Monnier, Nicolas Fabre, Michel Billard et Jean Renouard, ménagers du lieu des Angles, moyennant 400 livres par an, par Charles-Félix-Hyacinthe de Galian de Castellet, seigneur des Issards, etc., et Jean-Baptiste Renaud de Fourbin de Barthèlemy de Galian, seigneur des Issards et des Angles et de Sainte-Croix. — Fait devant la chapelle Saint-Nicolas-du-Pont, de Villeneuve, Mourgier, notaire.

340. — *1712, 30 mars.*

Bail à ferme des îlons des Issarts, jadis tenus à ferme par Claude Malosse, puis par Antoine Chaulet, fait à André Monier, Nicolas Fabre, Michel Billard et Jean Renouard, pour six ans, moyennant 210 livres, par les seigneurs des Issarts, Charles-Félix-Hyacinthe de Gallien de Castellet de Castellane et Jean-Baptiste Renaud de Fourbin de Barthèlemy de Galien. Fait à Villeneuve, Mourgier, notaire.

Autre bail, du 9 juillet 1716, fait pour six ans à François-Joseph Forestier et à Michel Biliard, ménager, habitant au château des Issards, moyennant 400 livres. Fait à Avignon, Gollier, notaire.

341. — *1721, 26 février.*

Bail à miège du tènement de la Grange-Neuve, au terroir des Issards, fait pour six ans à Georges Cairanne, qui le tenait déjà à ferme en vertu du bail du 17 avril 1716, notaire Gollier, par Charles-Noël de Galléans de Castellane, marquis de Salernes, seigneur Desyssards, des Angles, Castellet, etc., et Jean-Baptiste Renaud de Fourbin, marquis de Sainte-Croix, seigneur Desyssards et des Angles. — Fait à Avignon, Baud, notaire.

Autre bail, du 5 septembre 1739, fait à Georges et Louis Cairanne, par M. de Forbin seul; six ans. Fait à Avignon, Gimet, notaire.

Autre bail du 27 octobre 1744, fait par François-Palamède de Forbin à André Meynier, dit Baudran, et Louis Cairanne; huit ans; 1750 livres. Fait à Avignon, Gimet, notaire.

342. — *1724, 12 février.*

Aveu et dénombrement rendus par Jean-Baptiste Renaud de Forbin et Charles Noël de Galléans, devant la Cour des Comptes de Montpellier, pour les seigneuries des Issarts et des Angles, « consistant en toute justice haute, moyenne et basse, maire mixte et impere, propriétés, terroirs, fontialités universelles, illes et autres droits »..... Signé : Albisson, procureur fondé par procuration du 20 janvier 1724.

343. — *1724, 30 mars.*

Arrêt de la Cour des Comptes de Montpellier, ordonnant la publication du dénombrement de Jean-Baptiste Renaud de Forbin, et de Charles Noël de Galléans, seigneur des Issards et des Angles. Fait à Montpellier.

Y joint le certificat de publication aux Angles. — 23 juillet 1724.

344. — *1732, 14 octobre.*

Consultation par M. Thorel, sur le paiement du droit de confirmation qu'on demande à la marquise de Galléan des Issarts et au marquis de Forbin de Sainte-Croix, pour les îles formées par le Rhône et la Durance dans la terre des Issarts.

Original signé.

345. — *1735, 6 février et 24 juillet.*

Bordereau et reçu, pour M. de Fourbein de Saint-Crox, de l'impôt du 10e sur les biens nobles, pour la terre des Hessardz.

Signatures de l'évêque d'Alais, de M. de Bernage, des maires de Montpellier et des Angles.

Un autre bordereau pour 1753, avec reçu du 13 novembre, pour le marquis de Forbin.

Un autre pour 1785, avec acquit partiel, en marge, en faveur de MM. le comte de Janson et le comte de Forbin des Issarts (de la main de ce dernier).

346. — *1736, 28 avril.*

Ordonnance de prise de corps contre plusieurs habitants de Barbentane, donnée par la maîtrise des eaux et forêts de Villeneuve de Berg, en l'instance introduite contre eux par Jean-Baptiste Renaud de Barthèlemy, marquis de Fourbin, seigneur de Sainte-Croix, Courtines, des Issards, des Angles, etc., tant en son nom qu'en celui de Catherine-Geneviève de Rafélix de Soisson, veuve de Charles-Noël de Galéan, marquis de Salernes, seigneur des Issards, Courtines, les Angles, etc. — Donné à Villeneuve de Berg.

347. — *1736, 12 décembre.*

Bail à ferme du château des Issars et du tènement qui en dépend en terre ferme, du côté de Languedoc, plus l'îlon de Chaulet, fait pour six ans à Trimond Michel, moyennant 3733 l. 8. s. 4d., les bois non compris, par Jean-Baptiste Renaud de Forbin de Barthèlemy et Charles-Hyacinthe de Galéan de Castelane, marquis de Salernes, sa mère et tutrice stipulant pour lui. Fait à Avignon, Fellon, notaire.

Autre bail, du 23 septembre 1741, fait par François-Palamède de Forbin, seigneur de Sainte-Croix, les Essards, Saint-Julien, etc., à Jean Chabriel et Antoine Héraud; six ans; 4.400 livres, plus diverses redevances; les bois réservés. Fait à Villeneuve, Ysanove, notaire à Roquemaure.

Autre bail, du 30 août 1748, fait à André Meynier, dit Baudran; 8 ans; 5,200 livres; plus certaines redevances. Fait à Avignon, Gimet, notaire.

348. — *1737, août.*

Intimations faites au nom de Jean-Baptiste Renaud de Fourbin, seigneur de Sainte-Croix, des Issards, les Angles, Courtines, etc., à divers débiteurs de la succession de François de Galléan des Issarts, de la transaction du 23 septembre 1710 (Olivier et Gollier, notaires), et du partage du 16 juillet 1736 (Vernety, notaire et greffier). — La copie est délivrée par Gimet, notaire.

349. — *1763, 6 avril.*

Permission de défricher les terres aux Issarts, donnée par François-Palamède de Forbin, seigneur des Issarts, etc., à Elzéard Granier, de Saze, habitant au château des Issarts. Fait à Avignon, Gimet, notaire.

350. — *1763, 13 août.*

Ordonnance fixant le montant des 20⁰ˢ· pour la terre des Issarts, pour les années 1756 à 1763 « la taxe concernant M. le marquis de Forbin Sainte-Croix » est fixée à 514 l. 10 s., 462 l. pour 1758 et pour 1759, 693 l. pour les années suivantes. Fait à Montpellier.
Signatures des commissaires.

351. — *s. d. après 1767.*

Minute de commission de garde-terre et garde-chasse en la seigneurie des Issarts, donnée par Jean-Baptiste-Ignace-Isidore, comte de Forbin, seigneur de Saint-Roman-les-Beaucaire et des Issarts.

352. — *1768, 26 août.*

Lettre de la princesse de Galléan à son cousin, le marquis de Forbin, sur l'arrêt du conseil du Roi, rendu le 22 août en leur faveur contre la communauté de Barbentane et la province de Provence, ordonnant la démolition des pallières construites le long du Rhône et de la Durance, dont les eaux étaient rejetées sur les terres des Issarts.

353. — *1769, 18 février.*

Cancellation du bail à ferme de la Grange-Neuve, qui avait été passé, le 11 septembre 1758, à Thomas Pouzol, des Angles, moyennant 2.000 livres. — Fait à Avignon, Gimet, notaire.

354. — *1769, 21 février.*

Bail du tènement de la Grange-Neuve, passé par François-Palamède de Forbin Sainte-Croix, seigneur des Issarts, etc., à André Meynier, dit Baudran; huit ans; 2.200 livres, plus les redevances. — Fait à Avignon, Gimet, notaire.

355. — *1770, 20 juillet.*

Cancellation du bail de la terre des Issarts, passé à Thomas Pouzol, des Angles, moyennant 6.000 livres, par François Palamède, marquis de Forbin Sainte-Croix, consentie par Jean-Baptiste-Ignace-Isidore, comte de Forbin, son fils et donataire. — Fait à Avignon, Gollier, notaire.

356. — *1770, 20 juillet.*

Bail de la terre et seigneurie des Issarts, passé par Jean-Baptiste Ignace-Isidore, comte de Forbin, à Thomas Pouzol, des Angles, moyennant 7.000 livres, plus les redevances. — Le fermier renonce à l'habitation qui est dans la cour du château. — Fait à Avignon, Gollier, notaire.

Autre bail du 17 novembre 1777, passé par le même à Antoine Valaï, Claude Riol, Louis Pascal, Christophe Aubergier; sept ans; 8.000 livres; 3.600 livres de pot de vin. — Fait à Avignon, Gollier, notaire.

357. — *s. d., vers 1775.*

Dénombrement de la seigneurie des Issarts, appartenant pour la moitié à Jean-Baptiste-Ignace-Isidore, comte de Forbin, seigneur des Issards, Saint-Roman et autres lieux. — Brouillon.

358. — *1780, 11 mai.*

Abornement à la Grange-Neuve pour séparer les possessions de Jean-Baptiste-Ignace-Isidore, comte de Forbin, etc., d'une part, et de MM. J.-J.-A. de Calvet, seigneur d'Exangle (*sic*), et J. de Calvet de la Palun, d'autre part, fait par A. Sorbière, géomètre de Saze. — Fait aux Angles.

Ratifié par les parties, le 1er juin 1780, signatures.

359. — *An II, 19 messidor.*

Procès-verbal de consistance, division et estimation des biens ayant appartenu à l'émigré Forbin; division en 51 lots du domaine de Saint-Julien, contenances, prix d'estimation. En marge, prix de vente et noms des acquéreurs. — Saint-Julien était une partie des Issarts.

360. — An II, 21 fructidor.

Adjudication du 1er lot des biens de l'émigré Forbin, partie du domaine appelé Saint-Julien ou la Tuilerie.
Copie collationnée — 2 p.

361. — An II, 24 fructidor.

Décompte pour acquisition de domaines nationaux : un pré, commune des Angles, formant le 51e lot des biens de l'émigré Forbin, d'Avignon.

362. — s. d.

« État sommaire des biens vendus de M. de Forbin, domaine dit Saint-Julian, situé sur le territoire de la commune des Angles,... à ce compris le montant des ventes qui ont eu lieu après. » — 51 lots ; contenance totale : 130 salmées, 7 éminées, 7 cosses ; évaluation totale : 137.130 livres ; prix de vente : 147.215 livres. — Noms et domiciles des acquéreurs.

363. — Ans X et XI.

Pièces relatives à la restitution des bois des Issarts et de Saint-Roman à Madeleine-Léontine d'Arcussia, en paiement de partie de ses reprises dotales.

364. — Ans X et XI.

Lettres, pétitions, arrêtés et pièces diverses, relatives à la restitution des bois des Issarts.

365. — ?, 16 septembre.

Lettre de Mme de Forbin Janson, née de Galléan, à Jean-Baptiste-Ignace-Isidore de Forbin, sur l'exploitation de certaines terres des Issarts. — De Lyon.

366. — 1814, 1er août.

Projet de bail de la grange dite la Tuillère, avec une partie des terres des Issarts, 17 à 18 salmées, 1161ᵃ 10ᶜᵃ à 1229ᵃ 40ᶜᵃ, fait par Marie-Gabrielle-Adélaïde de Fogasse-Labatie, épouse de Joseph-Charles-Louis-Henry de Forbin, etc., à J.-B. Icard, des Angles, moyennant 1.500 francs. — Fait aux Issarts.

367. — 1820 et suiv.

Plusieurs acquits partiels du prix des bois des Issarts, rachetés par Charles-Joseph-Louis-Henri, marquis de Forbin des Issarts, à ses frère et sœurs, le 5 novembre 1818, notaire Poncet, à Avignon.

Y joints : projets pour la vente des bois des Issarts, et convention avec M. Romain Roux, propriétaire de la bégude de Rochefort, pour les chemins d'exploitation des bois des Issarts qui traversent ses propriétés.

368. — 1825, 23 février.

Police d'une vente faite à la marquise de Forbin, au nom de son mari, par M. Xavier-Agricol Queyreau, d'un domaine de 65 saumées, 7 éminées, sis communes des Angles et de Saze, moyennant 80.000 francs. Il restera fermier de ce domaine à compter du 1er janvier 1826, moyennant la rente de 4.125 francs.

L'acte de vente fut passé le 21 octobre devant Gleise, notaire à Villeneuve.

Déclaration et 2 quittances de M. Queyreau.

369. — 1825-1827.

Dossier relatif à l'indemnité des émigrés, pour la terre des Issarts (demandes, lettres, certificats, état des parcelles rachetées en 1825, etc.).

370. — *1827 à 1829.*

Devis descriptif des ouvrages en maçonnerie à faire au château de M. le marquis de Forbaint des Issarts (hangards, écurie, remise) par A. Court, entrepreneur à Saze.

Plan y relatif, par le même, 20 septembre 1827.

Devis de P. Renaux, architecte du département, 2 novembre 1827, approuvé le 30 par le marquis de Forbin des Issarts, avec trois plans y relatifs.

Devis des ouvrages et décors à faire à la grande salle, 5 octobre 1828.

Projet de distribution du 1er étage de l'aile O. des Issarts (plan), 2 octobre 1829.

Devis d'établissement d'une cuve vinaire, avec plan, 16 octobre 1829.

371. — *1840, 1er juin. — 1869, 10 novembre.*

Permissions de dire la messe dans la chapelle des Issarts.

La 1re pièce est une lettre olographe de l'évêque de Nîmes, Mgr Cart.

372. — *1846 et suiv.*

Acquisition et paiement de la Réserve d'Aramon, bois limitrophe des bois des Issarts; lettres et pièces diverses y relatives.

373. — *1866, 26 avril.*

Donation du quart lui appartenant de la terre des Issarts, faite par Joseph-Roger Odon, comte de Forbin des Issarts, à Charles-Henri-Joseph Palamède, comte de Forbin des Issarts, son neveu. — Fait à Avignon, Vincenti et Coste, notaires.

Y joint le certificat de dépôt d'une expédition collationnée de cette donation pour la purge des hypothèques. — Fait à Uzès, le 26 juin 1866.

374. — *1807, à nos jours.*

Dossier concernant l'administration de la terre des Issarts (achats, échanges, expropriations, baux, livres de comptes, etc.).

X

PROPRIÉTÉS DIVERSES

375. — *1675, 19 février.*

Vente, par Albert de Castelanne, seigneur de Magnan, de tout ce qu'il possède dans le terroir de Fos, en faveur de Marguerite de Fourbin, condame dudit Fos, absente, Louis de Roumieu, conseigneur de Fos, son fils, stipulant pour elle, moyennant 22.500 livres, dont 1.500 compensées, comme dûes à la dite dame suivant l'acte du 27 janvier 1667, notaire Mérit, à Marseille. Fait à Istres, Peise, notaire.

Suivent divers actes relatifs aux sommes dûes par M. de Castellane à Mme de Romieu et à son fils.

376. — *1675, 29 décembre.*

Vente à Claire-Françoise de Forbin Doppède, veuve de Gaspard de Covet, marquis de Bormas, etc., de la terre et seigneurie de Saint-Estève et Auriac, située dans les vigueries de Saint-Maximin et Barjoulx en Provence, faite par Charles de Gérente, marquis de Senas, etc., et Marie L'Huillier d'Orgeval, son épouse, moyennant 120.000 livres, et 100 louis d'or pour la chaîne de la marquise de Sénas. Fait à Paris, Denis Béchet et Jean Le Vasseur, notaires au Chatelet.

Suit la procuration donnée par Claire-Françoise de Forbin d'Oppède à Antoine Pailhières, notaire de Tretz, pour passer en son nom le contrat de vente. Fait à Aix, Antoine Boutard, notaire.

377. — *1716, 10 septembre.*

Bail à mègerie de la bastide, de l'affard et du tènement de Pierre-Icard, à Sainte-Croix, consenti par Jean-Baptiste Renaud de Forbin, seigneur de Sainte-Croix. Fait à Aix, dans la maison de l'abbé de Forbin, archidiacre. — Reinaud, notaire.
Prise en charge des capitaux, 8 mai 1717, Reinaud, notaire.

378. — *1732.*

État des meubles et effets qui sont à Sainte-Croix, [lors d'un voyage de Mme de Sainte-Croix].
État de recettes et de dépenses, commencé à Sainte-Croix le 20 octobre 1732.

379. — *1743, 25 janvier.*

Reconnaissance faite par François-Palamède de Forbin, seigneur des Issarts et de Sainte-Croix, en faveur de la mense archiépiscopale, de trois maisons, rebâties et réunies en un seul corps de logis, acquises de M. d'Ancézune, le 2 novembre 1742, notaire Fellon, et situées paroisse Saint-Agricol, rue et place du plan de Lunel. — Fait à Avignon, Maselli, notaire.
Note informe.

380. — *1753, 13 août.*

Mémoire de M. La Tour, avocat au Parlement de Provence, pour M. le marquis de Fourbin Sainte-Croix; prouvant que la terre et seigneurie de Sainte-Croix est libre de toutes substitutions. Analyse de plusieurs actes, contrats et testaments depuis 1605.
Original signé.

381. — *1756, 14 août.*

Consultation de M. de Colonia; François-Palamède de Fourbin, peut disposer librement de la terre et seigneurie de Sainte-Croix. — Délibéré à Aix.

2 ex. — Signés.

382. — *1757, 6 juin.*

Vente de la terre, place, fief et seigneurie de Sainte-Croix, avec tout ce qu'elle comporte, château, chapelle, parc, bâtiments, justice haute moyenne et basse, mère et mixte impère, etc., moyennant 100.000 livres et 3000 l. de pots de vin, dont 42.826 l. 19 s. comptant, et le reste payable à divers créanciers, faite par François-Palamède de Forbin, seigneur des Issarts, etc., à Antoine de Beluse. Fait à Aix, Mercadier, notaire.

Abrégé de la minute. — L'acte énumère de nombreux actes de constitutions de rente. — Notes autographes de M. de Forbin.

Suit (en abrégé) une transaction du 5 septembre 1758, entre François-Palamède de Forbin, seigneur des Issarts, François-Gabriel de Micallis, recteur du prieuré de Saint-Trophime, érigé en la paroisse Saint-Sauveur du lieu de Sainte-Croix, et Antoine de Belouze. — Fait à Aix, Mercadier, notaire.

383. — *1768, 21 mars.*

Bail à ferme de deux îles dépendant de la terre de Saint-Roman, passé pour neuf ans, à André Meynier, dit Baudran, moyennant 4.000 livres et 300 livres d'épingles, par Jean-Baptiste-Ignace-Isidore, comte de Forbin, seigneur en partie des Issarts, seigneur de Saint-Roman, etc. Fait à Avignon, Gimet, notaire.

384. — *1768, 14 décembre.*

Bail à ferme du grand logis, où pend pour enseigne l'image de Notre-Dame, près la porte de Bourgas, à l'Isle, avec les meubles et terres en dépendant, passé pour six ans, moyennant 1.000 livres, à Joseph Guérin et Geneviève Tondut, son épouse, par François-Palamède, marquis de Forbin de Sainte-Croix, seigneur de Saint-Roman, les Yssards, etc. Fait à l'Isle, Liotard, notaire.

Autre bail, du 20 janvier 1775, passé par [J.-B-.I.-Isidore] marquis de Forbin Sainte-Croix, etc., à Henri Brunel, pour six ans, moyennant 1.024 livres, plus les censes. — Liotard, notaire.

Autre bail du 30 décembre 1779, passé par le même à Véran Guérin, moyennant 1.425 livres, et quelques autres charges. — Liotard, notaire.

385. — *1770, 15 octobre.*

Arrentement de la grange de la Médecine, au terroir d'Avignon, passé pour sept ans à André Meynier, dit Baudran, moyennant 600 livres par an, plus 150 l. pour les terres en dépendant, par François-Palamède, marquis de Forbin Sainte-Croix, seigneur de St-Roman, les Issarts, etc. — Fait à Avignon, à l'hôtel du marquis de Forbin, Poncet, notaire.

2 ex.

Autre bail du 9 septembre 1777, passé par J.-B.-I.-Isidore, comte de Forbin, etc., à Jacques Saignon, moyennant 700 et 150 livres. Fait à Avignon, Gollier, notaire.

386. — *1773, 6 janvier.*

Arrentement de deux métairies à Saint-Roman-les-Beaucaire, passé pour huit ans à Jacques Martin et Jean Vanel, moyennant 1560 livres, plus certaines redevances, par Jean-Baptiste-Ignace-Isidore, comte de Forbin, seigneur des Issarts, Saint-Roman, etc. — Fait à Beaucaire, Fayn, notaire.

Un autre, du 15 octobre 1781, passé par le même à Philippe Laurent, moyennant 1560 l., et quelques autres charges. — Même notaire.

387. — *1778, 15 septembre.*

Arrentement d'une terre au terroir d'Avignon, quartier de la Triade, passé pour sept ans à Louis Gibert, moyennant 182 l. par Jean-Baptiste-Ignace-Isidore, comte de Forbin, seigneur des Issards et de Saint-Roman. — Fait à Avignon, à l'hôtel Forbin, Gollier, notaire.

388. — *1779, 4 mars.*

Aveu et dénombrement rendu par Jean-Baptiste-Ignace-Isidore de

Forbin, seigneur des Issarts et de Saint-Roman, devant la Cour des Comptes de Montpellier pour la seigneurie de Saint-Roman, qu'il possède comme héritier de Jeanne de Tache, veuve d'André-Louis de Brancas, comte de Rochefort. Fait à Avignon.

Sur les marges, nombreuses notes autographes de M. de Forbin.

389. — *1785, 5 mars.*

Bail d'une écurie, avec remise, vanades, basse-cour et grenier à foin en dépendant, cuisine, arrière-cuisine et chambre, le tout à Beaucaire, passé pour six ans à Jean Firmin, par Jean-Baptiste-Ignace-Isidore, comte de Forbin, seigneur de Saint-Roman-les-Beaucaire, moyennant 250 livres. Fait à Beaucaire, Fayn, notaire.

390. — *1787, 19 février.*

Bail d'un jardin, de trois pièces et d'une petite écurie, le tout à Beaucaire, passé pour trois ans par le comte de Forbin à M.M. Dorée, chanoine de l'église collégiale de Beaucaire, et autres, « tant pour eux que pour les autres messieurs composant le cercle établi dans cette ville », moyennant 150 livres. — Fait double à Beaucaire.

391. — *s. d. 1794 (?).*

Affiche de vente révolutionnaire : « A vendre, la charpente et tous les autres bois, poutres, solives ou travettes... du ci-devant château de Saint-Roman,... appartenant au citoyen Forbin ».

392. — *an IV, 8 fructidor.*

Arrêté de l'administration centrale du département des Basses-Alpes, portant déchéance du citoyen Michel-Palamède Forbin Janson, faute de paiement des dixièmes et intérêts échus des biens provenant du citoyen Joseph-Palamède Forbin Janson, son père, situés dans les communes de Mâne, Limans et Villemus, adjugés à des tiers les 22, 23, 24, 25 floréal, 5, 6, 7, 8 prairial, an II; 15 vendémiaire, 11, 12, 13, 14 frimaire, an III; Joseph-Palamède, rayé de la liste des émigrés le 5 floréal, an III, est réintégré dans ses biens. Fait à Digne.

393. — *an V, 4ᵉ jour complémentaire.*

Rétrocession par le citoyen Félix Reynaud au citoyen Paul-André Fogasse la Batie, au nom des cohéritiers d'Arcussia de la ligne Lubières, de quatre terres au tènement de la Valduc, vendues, comme appartenant à la ligne Forbin, les 6 et 18 floréal, an II; (district de Salon); prix : 900 livres en numéraire. Fait à Istres, Colla, notaire.

394. — *an VII, 9 prairial.*

Décompte pour acquisition de domaines nationaux : une maison située dans Avignon, provenant de l'émigré Forbin, adjugée 220.000 livres. Le dernier paiement, 23 fr. 11, est fait par Henri de Forbin, le 22 mai 1813.

395. — *an VII, 9 prairial.*

Procès-verbal d'adjudication, acquits partiels et décompte pour acquisition de domaines nationaux : une maison située dans Avignon, provenant de l'émigré Forbin, adjugée... moyennant 203.000 livres. Le dernier paiement, 1 fr. 58, est fait par Henri de Forbin, le 22 mai 1813.

396. — *an IX, 24 thermidor.*

Arrêté du préfet des Bouches-du-Rhône, levant le séquestre mis sur les biens appartenant à la citoyenne Madeleine-Léontine Darcussia, femme de Jean-Baptiste-Ignace-Isidore Forbin, à Fos et à la Valduc, et l'autorisant à en retirer les revenus. Fait à Marseille.

397. — *an X, 15 frimaire.*

Pétition de Madeleine-Léontine Darcussia, épouse de Jean-Baptiste-

Ignace-Isidore Forbin, au citoyen préfet du Gard, sur les réparations à faire aux ouvrages qui protégeaient contre les eaux du Rhône un domaine, situé près de Valabrègues, appartenant à son mari, et qui lui avait été remis en paiement de partie de ses reprises dotales. Fait à Nîmes.

Suit l'avis du directeur des domaines, 19 frimaire, à Nîmes.

Copie écrite par le comte de la Bastie.

398. — *an X, 4 thermidor.*

Arrêté du préfet de Vaucluse, levant le séquestre sur les biens du citoyen Jean-Baptiste-Ignace-Isidore Forbin, situés dans le département. — Fait à Avignon.

399. — *an X, 16 thermidor.*

Arrêté du préfet du Gard, portant levée du séquestre sur les biens du citoyen Jean-Baptiste-Ignace-Isidore Forbin, situés dans le département du Gard.

On y a joint la pétition adressée à cet effet, le 11 thermidor, par J.-B. Guibert, chargé des pouvoirs du citoyen Forbin.

400. — *an X, 13 fructidor.*

Arrêté du préfet des Bouches-du-Rhône, levant le séquestre sur les biens de Jean-Baptiste-Ignace-Isidore Forbin, situés dans le département des Bouches-du-Rhône. — Fait à Marseille.

2 exemplaires.

401. — *s. d. (après 1802).*

Inventaire, informe, du mobilier de la maison habitée par la famille de Forbin.

402. — *an XII, 7 et 20 frimaire.*

Lettres de M. Bourdon, préfet de Maine-et-Loire, et antérieurement de Vaucluse, à M. Henry de Forbin, au sujet de l'hôtel Forbin, devenu préfecture de Vaucluse. Il a proposé au gouvernement d'en payer le loyer à M. de Forbin père. — D'Angers.

403. — *1801-1813.*

Dossier concernant les terres et propriétés de Saint-Roman, de l'Isle, du Fort de Pâques, d'Avignon, etc.

404. — *s. d.*

État des diamants de Mme de Forbin (née la Bastie).
Note de la main de son mari.

405. — *1804-1805.*

Pièces concernant l'hôtel Forbin, à Avignon, et la demande en restitution ou en paiement de loyer faite par M. de Forbin. (La préfecture y était installée.)

406. — *1806-1851.*

Pièces diverses relatives aux biens d'Henri de Forbin à Fos.
Notes, baux, etc.

407. — *1814.*

Pétition, lettres et pièces diverses pour obtenir la restitution de l'hôtel Forbin à Avignon, et des meubles qu'il renfermait encore.

408. — *1816, 1er mars.*

Lettre du comte Corvetto, ministre sécrétaire d'état des finances, au marquis Forbin des Issarts, député, au sujet des droits de succession dûs sur les biens rendus en vertu de la loi du 5 décembre 1814. La question est soumise au conseil d'État. De Paris.

409. — *1816-1817.*

Divers comptes de travaux à plusieurs maisons, sises à Avignon, appartenant à l'hoirie Forbin.

410. — *1817, 1ᵉʳ octobre, 1818, 18 novembre.*

Baux de deux maisons sises à Avignon, plan de Lunel, dépendant de l'hoirie Forbin, faits à Mᵐᵉ Lacroix, veuve Renaud, et à M. de Jonquières, par la marquise de Forbin des Issarts, procuratrice de son mari. — Sous-seings privés.

411. — *1825 à 1827.*

Dossier pour obtenir l'indemnité accordée aux émigrés dépossédés (loi du 27 avril 1825; ordonnance du 1ᵉʳ mai); — biens des héritiers du marquis de Forbin des Issarts dans le département de Vaucluse. — 12 pièces.
Biens des mêmes dans les Bouches-du-Rhône. — 6 pièces.

412. — *s. d. (1828).*

Notes sur les marais de Fos, dits le Relargage, possédés en partie par les héritiers de la marquise de Forbin, née d'Arcussia.
Énumération des héritiers de M. d'Arcussia.
De la main d'Henri de Forbin.

413. — *1829, 17 décembre.*

Vente de deux maisons, sises à Avignon, rue Bouquerie, nᵒˢ 26 et 27, faite à Esprit-B.-A. de Fléchier par Gabrielle-Marie-Adélaïde de Fogasse de la Batie, épouse de Charles-Louis-Joseph-Henri, marquis de Forbin des Issarts, pair de France, etc., au nom de son mari; Charles-Isidore, comte d'Averton, et Marie-Charlotte-Sabine de Forbin des Issarts, son épouse, pour eux; et tous trois, au nom de Joseph-Augustin-Amédée, comte de Forbin la Barben, et de Marie-Agricole-Julienne de Forbin, épouse de M. de Corvesy de Lascaris. La maison provient de la succession de Madeleine-Léontine d'Arcussia, leur mère, épouse du feu marquis de Forbin. — Sous-seing privé, fait à Avignon. — Signatures.

414. — *1829, 22 décembre.*

Vente d'une maison sise à Avignon, plan de Lunel, faite à Joseph Sardou, par les mêmes personnes. — Sous-seing privé, fait à Avignon. Signatures.

415. — *1842, 14 octobre.*

Vente de terre à Saint-Rémy, faite par Charles Vicary à Marie-Gabrielle-Adélaïde de Fogasse de la Bastie, épouse du marquis Henri de Forbin des Issarts, qui l'autorise. — Fait à Saint-Rémy, Teissier et Blanc, notaires.

416. — *1844-1871.*

Dossier concernant l'administration de la terre de la Bastie appartenant au comte Odon de Forbin.
(Baux, acquisitions de parcelles, travaux, etc.)

417. — *1848, 1re juin.*

Bail de deux écuries à Avignon, moyennant 250 francs par an, fait par M. de Forbin des Issarts à Mgr Valayer, ancien évêque de Verdun, et M. Brunet, tapissier. — Sous-seing privé. — Fait à Avignon. — Signatures.

418. — *1861, 8 août, 16 septembre.*

Cahier des charges pour la vente de plusieurs immeubles situés dans les communes de Fos et d'Istres, dépendant de la succession de Michel-Anne d'Arcussia. — Parmi les ayant-droits figurent Joseph-Roger-Odon, comte de Forbin, Gabrielle-Marie-Adélaïde de Fogasse de la Bastie, veuve de Joseph-Henri-Charles-Louis, marquis de Forbin des Issarts, Gaspard-Henri-Palamède, comte de Forbin Labarben, Jeanne-Charlotte-Julienne-

Albertine de Forbin Labarben (veuve du baron de Castillon), ces deux derniers représentant Joseph-Auguste-Amédée, comte de Forbin des Issarts, leur père, et Mme de Castillon, représentant en outre Marie-Agricole-Julienne de Forbin des Issarts, veuve du comte de Corvésy Lascaris, sa tante, suivant son testament olographe du 14 décembre 1830, de Lapaline, notaire à Paris.

Adjudication du domaine dit le Coussou de la Crotte au comte Odon de Forbin.

419. — *1862, 4 et 31 décembre.*

Quittances du prix du Coussou de la Crotte, en faveur du comte Odon de Forbin, par les ayant-droits.

420. — *1863, 28 mai.*

Vente de la terre de l'Isle-du-Loup, faite par Marie-Gabrielle-Adélaïde de Fogasse de la Bastie, veuve du marquis de Forbin des Issarts, à Louis-Joseph-Gabriel-Arthur, comte de Forbin des Issarts, son petit-fils. — Fait à Avignon, Pons et Vincenti, notaires.

421. — *1866, 17 octobre.*

Vente faite par Joseph-Roger-Odon, comte de Forbin des Issarts à Louis-Joseph Perrot, d'une maison sise à Avignon, 54, rue Bonnetterie, et de deux petites maisons contiguës en dépendant (830^{mq} et 269^{mq}), pour le prix de 35.000 francs. — Fait à Avignon, Jeaume et Coste, notaires.

(C'était l'ancien hôtel la Bastie.)

422. — *1874, 20 mars.*

Radiation d'une inscription hypothécaire prise le 25 février 1868 par Georges Viau, contre Gabriel-Joseph-Palamède, marquis de Forbin des Issarts. — Fait à Tarascon.

(Créance fondée sur l'acquisition de terres à l'Isle-du-Loup (18 janvier 1868, Vincenti, notaire à Avignon).

XI

CAPITAUX, PENSIONS, COMPTES, ACQUITS

423. — *1703, 15 janvier.*

Acquit de 5.000 livres, fait par Jean-Baptiste-Renaud de Forbin de Barthèlemy, seigneur de Sainte-Croix, en faveur de Marc-Antoine de Tache, seigneur du Devès, son beau-père, pour le rachat de divers capitaux; l'un, de 2.000 livres, portant pension à 5 %, est dû par Palamède de Forbin et Mathieu de Véras, suivant acte du 26 février 1700, notaire Bellon. — Fait à Avignon, Mantillery, notaire.

424. — *1713, 10 mars.*

Acquit de 900 livres, pour le rachat d'une pension viagère de 150 livres, léguée par François de Gallians de Castellane, marquis de Salernes, seigneur des Issarts, les Angles, etc., à Jean-Baptiste Paget, dit Languedoc, son ancien domestique, fait par ce dernier en faveur de Charles-Félix-Hyacinthe de Galians de Castelet et de Jean-Baptiste-Renaud de Forbin de Barthèlemy de Galians des Issarts, seigneur de Sainte-Croix, possesseurs par indivis des biens délaissés par le marquis des Issarts, suivant la transaction du 27 septembre 1710, Olivier et Gollier, notaires. — Fait à Avignon, Hugonis, notaire.

425. — *1714, 11 août.*

Reçu donné par [Rollin] de Forbin, archidiacre de Saint-Sauveur d'Aix, de la somme de 200 livres. — Fait à Aix.

426. — *1718, 28 mars.*

Lettre de M. de Tache au marquis de Forbin Sainte-Croix pour le prier de remettre 622 livres à l'abbé de Villeneuve, directeur du séminaire d'Aix. — D'Avignon.

Au dos, reçu de l'abbé de Villeneuve, du 7 avril 1718, à Aix.

427. — *1720, 15 janvier.*

Lettre signée Montagnier et adressée à M. de Tache, donnant des détails sur une affaire (?) intéressant le marquis de Forbin et le marquis de Gualians (*sic* pour Galléan), pour lesquels il a fait faire deux secondes grosses chez M. de Saint-Jean, notaire. « Mr Palamède ce porte parfeteman bien ». — De Paris.

Reçu du même, de la somme de 800 liv., en faveur de M. de Chateauvieux « pour le nesesere de Mr le marquis de Forbin ». — 16 novembre 1720.

Lettre de M. de Chateauvieux, pour prier M. de Tache de payer les 800 livres fournies pour le marquis de Fourbin à l'ordre de M. de Valbelle.

Papiers Tache, aux Issarts.

428. — *1720, mars à août.*

Fragments d'un livre de raison de M. de Tache, où il mentionne plusieurs paiements faits par ou pour sa fille et son gendre, M. et Mme de Forbin Sainte-Croix.

Folios 129, 130, 131, 132, 136.

429. — *1724, 6 et 15 novembre.*

Deux reçus en faveur du marquis de Forbin, l'un de 20 livres, reçues des mains du marquis de la Bastie ; l'autre de 80 livres, pour une perruque ; signés Mol et Dumont. — Faits à Paris.

430. — *1727, 23 mai.*

Reçu en faveur de la marquise de [Forbin] la Barben, de la somme de 15 sols, cense dûe par le chanoine du Moustier à l'aumône du marché des cuirs. — Fait à Avignon.

431. — *1728, 3 décembre.*

Convention passée entre Madeleine Thérèse de Tache de [Forbin] Sainte-Croix, procuratrice de J.-B.-Renaud de Forbin, seigneur de Sainte-Croix, des Issarts, Courtines, les Angles, etc., et Catherine-Geneviève de Raffélis de Soissan, veuve de Charles-Noël de Galléan de Castellane, etc., tutrice des biens de son fils, d'une part, et André-François-Xavier de Pays de Chanron, d'autre, au sujet d'un legs fait au père de ce dernier par François de Galléan de Castellano, marquis des Issards, dont les biens avaient été partagés par égales parts et portions entre MM. de Forbin et de Galléan, suivant la transaction reçue le 23 septembre 1710, par Mes Olivier et Gollier, notaires à Avignon. — Fait à Avignon, Abel Fellon, notaire.

432. — *1732, 6 août.*

Acquit d'un capital de 312 livres 10 sols, portant pension de 15 livres 12 s. 4 d., concédé par Jean-Baptiste-Renaud de Forbin de Barthélemy de Galéan, seigneur de Sainte-Croix, des Yssard, des Angles, etc., et Madeleine-Thérèse de Tache, son épouse, aux hoirs de George-Dominique de Laurens, seigneur de l'Ollive, qui le devaient en vertu d'un acte du 29 juillet 1709, Bernard Hugonis, notaire. — Fait à Avignon, Desmares, notaire.

433. — *1742, 5 janvier.*

Constitution d'une pension de 160 livres, au capital de 4.000 livres, faite par Madeleine-Thérèse de Tache, veuve de Jean-Baptiste-Renaud de Forbin, seigneur de Sainte-Croix, des Issarts, etc., en faveur de François Casal. — Fait à Avignon, Gimet, notaire.

434. — *1744, 1er octobre.*

Vente d'une pension de 100 livres, au capital de 2.000 livres, faite par Madeleine-Thérèse de Tache, veuve de J.-B.-Renaud de Forbin, seigneur de Sainte-Croix, des Issards, etc., et François-Palamède de Forbin, seigneur des mêmes lieux, en faveur de Marguerite de Launay, épouse d'Esprit d'Armand. — Fait à Avignon, Gimet, notaire.

435. — *1745, 11 octobre.*

Vente d'une pension de 50 livres, au capital de 1000 livres, faite en faveur de Louis-François Manne, chirurgien juré, par François-Palamède, marquis de Forbin, etc., tant à son nom qu'au nom de Madeleine-Thérèse de Tache, sa mère, veuve de Jean-Baptiste-Renaud de Barthèlemy, marquis de Forbin, etc., et de Marie d'Amat, son épouse, pour l'employer au paiement de partie du prix d'un emploi de guidon dans la gendarmerie pour Marc-Antoine-François de Forbin, son fils aîné. — Fait à Avignon, Maselli, notaire (Poncet, successeur).

Rénovation, en faveur de J.-J. Pastour, héritier de M. Manne, par Jean-Baptiste-Ignace-Isidore, comte de Forbin des Issarts, etc., héritier de François Palamède. — Fait à Avignon, le 12 janvier 1775, Poncet, notaire.

436. — *1745, 9 août. — 1747, 7 septembre, 21 décembre.*

Trois reçus en faveur du marquis de Forbin [Marc-Antoine], capitaine au régiment de Septimanie dragons, puis guidon de gendarmerie, par MM. le baron de Montlepan (?), officier dans le régiment de Septimanie, des Aulnayes, commissaire de la gendarmerie, et de Longpré, pour 282, 480 et 432 livres. — Faits à ?, au camp de Tongres et à Lyon.

Contenus dans une enveloppe, sur laquelle on lit : « billets de mon frère, dont je n'ai pas trouvé les personnes » de l'écriture de Jean-Baptiste-Ignace-Isidore de Forbin.

437. — 1745, 12 octobre.

Constitution de deux pensions, l'une de 75 livres, au capital de 1500 livres, l'autre de 1000 livres, au capital de 20.000 livres, faite en faveur du monastère de Saint-Joseph, ordre de Saint-Augustin, de l'Hôtel-Dieu d'Avignon, et de Jean-Albert-Joseph Fallot de Beaupré, seigneur de Beaumont, Monserein, etc., par François Palamède, marquis de Forbin, etc., Marie-Françoise d'Amat, son épouse, et Madeleine-Thérèse de Tache, veuve de Jean-Baptiste-Renaud de Forbin, seigneur de Sainte-Croix, sa mère, — ces 21.000 livres devant être employées à payer une partie du prix d'un emploi de guidon de gendarmerie, pour Marc-Antoine-François de Forbin. — Fait à Avignon, Maselli, notaire.

438. — 1745, 7 décembre.

Rénovation d'une pension de 15 livres au capital de 300 livres, faite par F.-G. Goujon, notaire à Sainte-Cécile, héritier de noble Joseph Fragnol, de Camaret, en faveur de Madeleine-Thérèse de Tache de Forbin de Sainte-Croix, à qui elle était due suivant l'acte constitutif du 9 novembre 1673, Favier, notaire. — Fait à Avignon, Gimet, notaire.

439. — 1746, 14 mars.

Deux reçus, sur la même feuille, de Mme de Gravezon, née Salvador, en faveur du marquis de Forbin, pour deux pensions, l'une de 100, l'autre de 80 livres, qu'il lui faisait. — Fait à Arles.

440. — 1747, 10 mars.

Constitution de deux pensions, l'une de 100 livres, en faveur de Joseph de Calvet, l'autre de 400 livres, en faveur d'Emmanuel-François

Philip, moyennant 2.000 et 8.000 livres, faite par François-Palamède de Forbin, seigneur de Sainte-Croix, des Issars, etc., et Jean-Louis de Roux, procureur de Madeleine-Thérèse de Tache, veuve de Jean-Baptiste-Renaud de Forbin. — Ces 10.000 livres devant servir au paiement de partie du prix d'un guidon de gendarmerie obtenu pour Marc-Antoine-François de Forbin. — Fait à Avignon, Gimet, notaire.

2 exemplaires.

Ratification par Madeleine-Thérèse de Tache, 17 mai 1747, Gimet, notaire.

2 exemplaires.

441. — *1747, 19 juin.*

Donation d'une somme de 400 livres, faite par Thérèse de Rosier de Chaste à François-Palamède de Forbin, seigneur de Sainte-Croix, des Issars, et autres places, qui lui servira en échange une pension viagère de 40 livres. — Fait à Avignon, Gimet, notaire.

442. — *1748, 27 septembre.*

Acquit avec cession de droits d'un capital de 3.000 livres, portant pension à 6 %, donné par Catherine de Mauche, veuve de noble Pierre Mignard, à François-Palamède de Fourbin, seigneur de Sainte-Croix et des Issarts, qui le lui devait solidairement avec sa mère Madeleine-Thérèse de Tache, suivant contrat du 15 novembre 1747. — Fait à Avignon, Terris, notaire.

443. — *1748, 28 septembre.*

Acquit avec cession de droits d'un capital de 300 livres, portant pension à 6 %, donné par Antoine Achard à François-Palamède de Fourbin, seigneur de Sainte-Croix, des Issards, qui le lui devait, solidairement avec sa mère, Madeleine-Thérèse de Tache, veuve de Jean-Baptiste-Renaud de Fourbin, seigneur des Issards et de Sainte-Croix, par contrat du 10 avril 1747. — Fait à Avignon, Terris, notaire.

444. — *1748, 28 septembre.*

Acquit avec cession de droits d'un capital de 150 livres portant pension à 6 %, suivant acte du 10 avril 1747, donné par les recteurs de l'œuvre des marchands aux mêmes. — Fait à Avignon, Terris, notaire.

445. — *1748, 4 octobre.*

Acquit avec cession de droits d'un capital de 1600 livres, portant intérêt à 6 %, donné par Antoine-Paul d'Anselme, conseiller du Roi, maire de Noves, et Denis Anselme, son frère, à François-Palamède de Fourbin, seigneur de Sainte-Croix, Desissards, et à Madeleine-Thérèse de Tache, veuve de Jean-Baptiste-Renaud de Fourbin, seigneur de Sainte-Croix, des Issards, qui le leur devaient solidairement, suivant acte du 20 avril 1747. — Fait à Avignon, Terris, notaire.

446. — *1748, 21 octobre.*

Acquit, avec cession de droits, d'un capital de 600 livres, portant pension de 36 livres, passé par Jean Lioutier, en faveur de François-Palamède de Fourbin, seigneur de Sainte-Croix Desissards, qui le lui devait, solidairement avec sa mère, Madeleine-Thérèse de Tache, veuve de Jean-Baptiste-Renaud de Fourbin, seigneur de Sainte-Croix Desissards, par contrat du 10 avril 1747. — Fait à Avignon, Terris, notaire.

447. — *1749, 25 juin.*

Constitution d'une pension de 150 livres, au capital de 3.000 livres, faite par François-Palamède, marquis de Forbin, seigneur de Sainte-Croix et des Issards, en faveur des Missionnaires de Sainte-Garde-des-Champs. — Fait à Avignon, Poncet, notaire.

448. — *1751, 29 mai.*

Département de la moitié d'un capital de 31.000 livres, portant pension de 1550 livres, fait par Jeanne de Tache, veuve d'André-Louis de

Brancas, des comtes de Forcalquier, [comte] de Rochefort, seigneur de Saint-Roman, en faveur de François-Palamède de Forbin et de Madeleine-Thérèse de Tache, sa mère, qui le lui devaient par contrat de 1749, notaire Fellon. — Fait à Avignon, Gimet, notaire.

449. — *1751, 8 octobre.*

Vente d'une pension de 50 livres au capital de 1000 livres, faite par François-Palamède de Forbin, seigneur de Sainte-Croix, des Yssards, etc., à Paul-André Boissier, prêtre. — Fait à Avignon, Poncet, notaire.

Rénovation de cette pension, par le même, en faveur de Joseph-Raymond Boissier, héritier de Paul-André, 23 février 1757, notaire Gimet.

Transfert de cette pension, moyennant 1000 livres, à Firmin Chabrier, par Jacques-Étienne Boissier. — Fait à Avignon, le 5 juillet 1773, notaire Arnaud.

Transfert de cette pension, moyennant 950 livres, à Françoise Aurouze par les ayant-droits de M. Boissier ; Avignon, le 6 septembre 1783, notaire Collet.

Rénovation par Jean-Baptiste-Ignace-Isidore de Forbin des Issars, fils de François-Palamède de Forbin Sainte-Croix ; Avignon, le 1er décembre 1783, notaire Collet.

450. — *1752, 13 octobre.*

Achat d'une pension de 20 livres, au capital de 400 livres, fait à Antoine Michel, d'Avignon, par François-Palamède de Forbin, seigneur de Sainte-Croix, des Issarts, etc. — Fait à Avignon, Gimet, notaire.

451. — *1754, 26 mars.*

Arrêté de compte entre Jeanne de Tache, comtesse de Rochefort, et François-Palamède de Forbin, seigneur de Sainte-Croix, des Issarts, etc. Cessions et compensations, et constitutions de rentes en faveur de Mme de Rochefort. — Fait à Avignon, Gimet, notaire.

On mentionne dans l'acte l'inventaire de Madeleine-Thérèse de Tache, dame de Sainte-Croix, du 12 avril 1753, Gimet, notaire, et divers autres actes.

452. — *1754, 11 mai.*

Vente d'une pension de 72 livres, au capital de 1440 livres, faite par Marc-Antoine-François de Forbin et Isidore de Forbin, son frère, en faveur de Pierre-Esprit Bernard, dit Bonnet, traiteur. — Fait à Avignon, Florent Silvestre, notaire.

Cession de ce capital par Pierre-Esprit Bernard à Agricol-Joseph Bonnet Bernard, 19 décembre 1767, Poncet, notaire.

453. — *1754, 27 août.*

Décharge donnée par Antoine-Charles-Hyacinthe de Galléan de Castellane, marquis de Salernes, etc., assisté de François-Palamède de Forbin, seigneur de Sainte-Croix, marquis des Issarts, etc., et de Louis-Marie de Galléan, duc de Gadagne, etc., ses plus proches parents en cette ville, à André de Fougasse, comte de la Bastie, qui lui rendait compte de l'administration de ses biens. — Fait à Avignon, en l'hôtel de la marquise de [Forbin] la Barben, Cairanne, notaire.

Papiers la Bastie. — xviiie siècle.

454. — *1756, 19 février.*

Compensation, et acquit pour le surplus, de deux capitaux, l'un de 3.000 livres, dû par François-Palamède, marquis de Forbin, seigneur de Sainte-Croix, des Issards, les Angles et autres lieux, à Marquise de Justamond, veuve de Pierre de Massilian, seigneur de Beauchamp, en vertu d'un acte passé par Jean-Baptiste-Renaud de Forbin de Barthèlemy de Galéans, seigneur de Sainte-Croix, des Issards, les Angles, etc., le 7 avril 1727, notaire Desmares, — l'autre de 4.000 livres dû par Mme de Massilian au marquis de Forbin, pour reste du prix de terres et capitaux, suivant acte du 20 mars 1724, notaire Desmares. — Fait à Avignon, Bermès, notaire.

455. — *1758, 11 septembre.*

Constitution d'une pension de 152 livres 10 sols, au capital de 3050 livres, faite par François-Palamède de Forbin, seigneur des Issarts, etc., en faveur de Thomas Pouzol, ménager des Angles. — Fait à Avignon, Gimet, notaire.

Autre constitution de pension de 100 livres, au capital de 2.000 livres, entre les mêmes. — Thomas Pouzol, fermier futur de la terre et seigneurie des Issarts, suivant bail du 11 septembre 1758, retiendra chaque année, lorsqu'il sera fermier actuel, 1/7 de ces capitaux. — Fait à Avignon, le 10 novembre 1766, Gimet, notaire.

456. — *1758, 2 novembre.*

Cession de 44.275 l. 12 s. 11 d., faite par Charles-Hyacinthe Galeano Galieni, duc de Galléan, etc., à André de Fougasse, comte de la Bastie, et à Marie-Marguerite de Galléan des Issarts, son épouse, à prendre sur la somme de 50.000 l. constituée en dot à Madeleine-Yolande-Adélaïde-Charlotte-Félicité de Forbin de la Barben, sa mère, par Marie-Yolande Dumoustier, marquise de la Barben, dans son contrat de mariage avec Charles-Hyacinthe de Galléan de Castellane, marquis des Issarts, etc., reçu par Fellon, notaire à Avignon, le 2 novembre 1731. — Fait à Avignon, Cairanne, notaire.

Papiers la Bastie, xviiie siècle.

457. — *1760, 20 mai.*

Reçu de 3,000 livres, payables dans quatre ans et portant jusque-là intérêt à 5 %, fait par François-Palamède de Forbin, seigneur des Issarts, etc., en faveur de noble Guillaume Guiran, avocat en Parlement, citoyen d'Avignon. — Fait à Avignon, Gimet, notaire.

Acquit et extinction de ce capital et de la pension en faveur du marquis de Forbin Sainte-Croix, Avignon, 13 mai 1773, Poncet, notaire.

Attestation du paiement de cette somme par le marquis de Forbin Sainte-Croix; 13 mai 1773, Poncet, notaire.

458. — *1760, 9 octobre.*

Constitution d'une pension de 50 livres, au capital de 1.000 livres, dûe, suivant billet du 23 septembre 1750, par François-Palamède de

Forbin, seigneur des Issards, à François Crudy, prêtre et missionnaire de Sainte-Garde. — Fait à Avignon, Gimet, notaire.

459. — *1761, 2 janvier.*

Vente d'une pension de 1.000 livres, au capital de 20.000 livres, faite par Jeanne de Tache, veuve d'André de Brancas, comte de Rochefort, et Marie-Françoise d'Amat, épouse de François-Palamède de Forbin Sainte-Croix, seigneur des Issarts, etc., à Joseph-Laurent de Robert, comte de Rochefort, etc. — Fait à Avignon, Terris, notaire.

Y joint un acquit, du 11 août 1781, de la somme de 3,000 livres, partie dudit capital. Fait à Avignon, Poncet, notaire.

460. — *1761, 5 janvier.*

Rétrocession de 1728 livres, faite par Jasse de Roquemartine, juif de la carrière de Carpentras, en faveur de François-Palamède de Forbin, seigneur des Issarts. — Fait à Avignon, Gimet, notaire.

461. — *1761, 7 janvier.*

Rétrocession de 6.250 livres, faite par Abraham de Monteaux et Isaac de Monteaux, dits Avon l'aîné et le cadet, juifs d'Avignon, en faveur de François-Palamède, marquis de Forbin Sainte-Croix, seigneur des Yssarts, les Angles, etc., qui les leur devait, solidairement avec Paul-Augustin de Salvador de Pertuy, seigneur de Saint-Amant, suivant acte du 5 mai 1760. Fait à Avignon, Poncet, notaire.

462. — *1761, 12 janvier.*

Rétrocession de 2.722 livres, faite par Jassuda David Crémieu, juif de la carrière de Carpentras, en faveur de François-Palamède de Forbin, seigneur des Issarts. Fait à Avignon, Gimet, notaire.

463. — *1761, 14 janvier.*

Rétrocession de 7.001 livres, cédées sur André Meynier, dit Baudran, faite par Daniel de Beaucaire, dit Rigaud, juif de la carrière de l'Isle, en faveur de François-Palamède de Forbin, seigneur des Issarts. — Fait à Avignon, Gimet, notaire.

464. — *1761-75.*

Sommes dues par « les heoirs de M. le marquis de Forbin l'aisné » (Marc-Antoine-François de Forbin) à la veuve Curade. Mandat de paiement sur les revenus de la Grange-Neuve (7 mars 1775). Acquit de la veuve Curade (13 mars 1775). — Fait à Avignon.

465. — *1767, 19 octobre.*

Acquit de 1011 livres, paiement final de 5374 livres, dûes par François-Palamède de Forbin, seigneur de Sainte-Croix, des Issarts, etc., à Jean-Jacques Queyreau, par acte du 8 août 1758, Gollier, notaire, et cédées par celui-ci à Jassida-David Crémieux, par acte du 2 novembre 1762, Coulombet, notaire. — Fait à Avignon, Gollier, notaire.

466. — *1768, 28 avril, 21 mai;*
1769, 6 et 12 octobre.

Vente d'une pension de 656 l. 5 s. au capital de 13.125 livres, faite par François-Palamède de Forbin Sainte-Croix, seigneur des Issarts, etc., en faveur d'André Meynier, dit Baudran. Fait à Avignon, Gimet, notaire.

Rénovation, par le même, en faveur de Jean-Baptiste-Ignace-Isidore, comte de Forbin, son fils, qui avait acquis cette pension par acte du 17 mai. — Fait à Avignon, Gimet, notaire.

Cession, à compte du susdit capital, par François-Palamède, marquis de Forbin Sainte-Croix, etc., à son fils Jean-Baptiste-Ignace-Isidore, comte de Forbin, etc., d'un capital de 6.000 livres, portant pension de 300 livres, constitué par le comte de Villeneuve en faveur des ci-devant

Jésuites d'Avignon, à lui cédé par le séquestre de leurs biens, le 5 octobre 1769. — Fait à Avignon, Gollier, notaire.

Rénovation, en faveur de Jean-Baptiste-Ignace-Isidore, marquis de Forbin, par Marie-Madeleine-Pauline de Villeneuve, comtesse du Saint-Empire, épouse de Joseph-Louis de Vincent de Moléon, comte d'Ampuries. — Fait à Avignon, Gollier, notaire.

467. — *1768, 17 août.*

Quittance de 30.000 livres, donnée par Jean-Baptiste-Ignace-Isidore, comte de Forbin, seigneur des Issarts, Saint-Roman, etc., pour partie de la dot de Léontine d'Arcutia, sa femme, à Charles-Michel-Anne, comte d'Arcutia, seigneur de Fos-les-Martigues. On y mentionne le contrat de mariage passé le 7 décembre 1767, écrivant Salomé, notaire de Marseille. — Fait à Avignon, dans l'hôtel du comte de Forbin, Gimet, notaire.

468. — *1772, 31 juillet.*

Contrat de constitution d'une pension de 300 livres, au capital de 6.000 livres, en faveur de Michel-Anne, comte d'Arcussia, par Jean-Baptiste-Ignace-Isidore, comte de Forbin, son gendre. 3.000 livres sont payées comptant, les 3.000 autres ayant été payées par M. d'Arcussia, à la décharge de M. de Forbin, à M. de la Lauzière, contre cession d'un contrat de pareille somme qu'il avait sur MM. de Forbin fils [Marc-Antoine et Isidore] par acte passé le 18 octobre 1755, notaire Boyer, à Aix, et ratifié le 15 septembre 1757, notaire Brunet, à Arles. — Fait double à Avignon.

Les deux originaux écrits l'un par M. de Forbin, l'autre par M. d'Arcussia et signés des deux parties. On y a joint, deux acquits olographes et une procuration signée de M. de la Lauzière, Avignon, 13 septembre 1755, Arles, 4 mai 1772.

469. — *1773, 29 novembre.*

Constitution d'une pension de 500 livres, au capital de 10.000 livres, faite par François-Palamède, marquis de Forbin Sainte-Croix, seigneur des Issarts, etc., en faveur d'André Meynier, dit Baudran, avec acquit des sommes précédemment dûes au dit Baudran. Fait à Avignon, Poncet, notaire.

470. — *1774, 13 décembre.*

Reçu de 73 l. 15 s. 5 d., en faveur du marquis de Forbin, pour la pension qu'il supporte à l'aumône générale. Fait à Avignon.

471. — *1774, 30 décembre.*

Constitution d'une pension de 300 livres, au capital de 6.000 livres, par Jean-Baptiste-Ignace-Isidore, marquis de Forbin, seigneur des Issards, Saint-Roman, etc., en faveur de Charles-Michel-Anne, comte d'Arcussia, seigneur de Fos-les-Martigues, son beau-père. — Fait à Avignon, à l'hôtel du comte d'Arcussia, Gollier, notaire.
Suit l'attestation du notaire que 4.119 l. 14 s. 5 d. ont servi à payer, le 24 janvier 1775, deux capitaux et les intérêts en dérivant, l'un de 3.000 l. dû au séminaire de Sainte-Garde des Champs, par acte du 25 juin 1749, Poncet, notaire, l'autre de 1.000 l. dû à François Crudy, supérieur de cette maison, par acte du 9 octobre 1760, Gimet, notaire. Fait à Avignon, le 14 mars 1775.

472. — *1775, 24 janvier.*

Remboursement par Jean-Baptiste-Ignace-Isidore, comte de Forbin, etc., sur l'argent emprunté par lui de Charles-Michel-Anne, comte d'Arcussia, par acte du 30 décembre 1774, de deux capitaux, dûs par François-Palamède, marquis de Forbin, son père, l'un de 3.000 l. au séminaire de Sainte-Garde-des-Champs, suivant l'acte du 25 juin 1749, notaire Poncet, l'autre de 1.000 livres, portant pension de 50 livres, à François Crudy, prêtre et supérieur des Missionnaires de Sainte-Garde-des-Champs, suivant l'acte du 9 octobre 1760, notaire Gimet. — Cession de droits au comte d'Arcussia. Fait à Avignon, Gollier, notaire.

473. — *1776, 23 janvier.*

Compensation et paiement en avancement d'hoirie fait par Charles-Michel-Anne, comte d'Arcussia, etc., à Jean-Baptiste-Ignace-Isidore, comte de Forbin, etc., son gendre, et à Madeleine-Léontine d'Arcussia, sa fille, d'une somme de 27.000 livres, savoir : 15.000 livres comptant, 6.000 livres, déjà données le 31 juillet 1772, 6.000 livres, déjà données le 30 décembre 1774, ensemble 27.000 livres, imputables sur les 55.000 l. restant dûes de la dot de Madeleine-Léontine d'Arcussia, qui n'étaient exigibles qu'à la mort du comte d'Arcussia, et pour lesquelles le comte de Forbin supportera à son beau-père, sa vie durant, une pension de 1.350 livres, déléguée sur les revenus du domaine de la Grange-Neuve, dépendant de la seigneurie des Issarts. Fait à Avignon, hôtel d'Arcussia, Gollier, notaire.

474. — *1778-79.*

Acquits de pensions diverses supportées par le comte de Forbin (chapitre Saint-Pierre, séminaire de Viviers, carmes d'Avignon, etc.). Reçus de sommes diverses pour la même année. La plupart sont datés d'Avignon.

16 pièces.

475. — *1778, 15 juillet.*

Reçu du comte Lascaris Vintimille, en faveur du comte de Forbin des Issarts, héritier du marquis de Forbin Sainte-Croix, de la somme de 1,250 l., pension d'une partie de la dot de sa femme, Césarée de Forbin. Fait à Milan.
Olographe.

476. — *1781, 26 mars.*

Vente d'une pension de six livres, au capital de 120 livres, faite par Marthe Guignet, de Beaucaire, à Jean-Baptiste-Ignace-Isidore, comte de Forbin, seigneur des Issarts, Saint-Roman, et autres lieux. — Fait à Beaucaire, Fayn et Barnavon, notaires. (Les 120 l. étaient dûes à la comtesse de Brancas-Rochefort, par l'abbé de Massillan.)

477. — *1781, 10 et 29 décembre.*

Reconnaissances de dot passées par Jean-Baptiste-Isidore-Ignace

Forbin en faveur de Charles-Michel-Anne Darcussia, son beau-père, qui lui paye 5.050 l. et 3.000 l. à valoir sur le restant dû de la dot de Madeleine-Léontine Darcussia. Fait à Avignon, Poncet, notaire.

478. — *1781, 29 décembre.*

Constitution d'une pension de 150 livres, au capital de 3.000 l., par Jean-Baptiste-Isidore-Ignace, comte de Forbin des Issarts, etc., en faveur de Charles-Michel-Anne, comte d'Arcussia, etc., argent payé comptant, et employé de suite au paiement de pareille somme, dûe au séminaire de Viviers, transféré au bourg Saint-Andéol, par l'hoirie de Madeleine-Thérèse de Tache, veuve de Jean-Baptiste Renaud, marquis de Forbin Sainte-Croix, et celle de François-Palamède de Forbin, son fils, par acte du 15 avril 1747 (Gimet, notaire à Avignon), rénové le 19 avril 1776 (Thomas, notaire à Avignon). — Imputation des 3.000 l. sur le restant dû de la dot de Madeleine-Léontine d'Arcussia, comtesse de Forbin, sous la réserve de la pension de 150 l. sus mentionnée.

Y joints, les actes du 15 avril 1747 et du 19 avril 1776.

479. — *1783, 13 janvier.*

Vente d'une pension de 7 l. 10 s. au capital de 150 livres sur Jean-Baptiste Sicard, par Nicolas Nove, serrurier, en faveur de Jean-Baptiste-Isidore-Ignace, comte de Forbin Desissarts, seigneur Desissarts, Saint-Roman et autres places, qui a payé avec les deniers provenant de l'héritage de Jeanne de Tache, comtesse de Rochefort, sa tante. Fait à Avignon, Poncet, notaire.

480. — *1784, 3 mai.*

Convention passée entre Charles-Michel-Anne, comte d'Arcussia, etc., et ses gendres, Louis-François de Benault de Lubières d'Aube, marquis de Roquemartine, etc., et Jean-Baptiste-Ignace-Isidore, comte de Forbin, etc., pour la composition et la restitution des biens de Suzanne-Gabrielle de Belsunce de Castelmoron [comtesse d'Arcussia], décédée le 8 décembre 1783, à Avignon.

Copie écrite par le comte de la Bastie, gendre du marquis de Lubières.

481. — *1785, 20 juin.*

Acquit avec cession de droits d'une somme de 3.000 livres portant pension de 120 livres, suivant l'acte de constitution du 27 septembre 1692, notaire Courrat, fait par M. de Bassinet d'Augard, chevalier de Saint-Louis, en faveur de Jean-Baptiste-Ignace-Isidore, comte de Forbin des Issarts, etc., héritier de François-Palamède de Forbin de Barthèlemy, marquis de Forbin, etc. (partie du prix de deux maisons acquises du duc et du marquis de Caderousse).

482. — *1785, 25 juin.*

Acquit donné par Jean-Baptiste-Ignace-Isidore, comte de Forbin des Issarts, etc., à Charles-Michel-Anne, comte d'Arcussia, son beau-père, de diverses sommes à lui payées par ce dernier, sur la dot de Madeleine-Léontine d'Arcussia, comtesse de Forbin. Il est fait mention dans l'acte de Césarée de Forbin, femme d'Alexandre-Auguste de Lascaris, comte de Vintimille (sœur d'Isidore). — Fait à Avignon, à l'hôtel d'Arcussia. Poncet, notaire.

2 ex.

483. — *1785, 7 juillet.*

Acquit avec cession de droits d'une somme de 6.000 livres, portant pension de 240 livres, suivant acte du 25 janvier 1719, notaire Fellon, fait par MM. de Malhan et de Marchat de Saint-Pierreville, époux de Mlles de Gay, en faveur d'Ignace-Isidore, comte de Forbin des Issarts, etc., héritier de son père François-Palamède, marquis de Forbin Sainte-Croix, etc. (partie du prix de deux maisons à Avignon, paroisse Saint-Agricol, quartier de la Croix du plan de Lunel, acquises par le marquis de Forbin du duc et du marquis de Caderousse, par acte du 2 novembre 1742, notaire Fellon). Fait à Avignon, Poncet, notaire.

484. — *1788, 11 octobre.*

Acquit de 1.440 l. dûes solidairement par Jean-Baptiste-Ignace-Isidore

Forbin et Marc-Antoine-François Forbin, son frère, à Pierre-Esprit-Bernard, dit Bonnet, par acte du 11 mai 1754, Florent Silvestre, notaire à Avignon. Déclaration que cette somme provient des deniers de la dot de Madeleine-Léontine Darcussia. Fait à Avignon, dans la maison du dit Forbin; collationné, « suppression faite des qualifications, au désir de la loi ». Poncet, notaire.

485. — *1790-1792 et 10 messidor, an XI.*

Lettres de M. Magny du Tilleul, homme d'affaires, au comte de Forbin Desissarts, sur les pensions qu'il avait à toucher à Paris, le paiement des contributions patriotiques, etc.
12 lettres.
On y a joint 2 notes de M. de Forbin.

486. — *1794, 28 février, 1ᵉʳ mars.*

Deux pièces relatives à un prêt d'argent fait par un inconnu au comte de Forbin des Issarts, à Mendrizzio.

487. — *An X et suiv.*

Notes, comptes et acquits pour divers membres de la famille de Forbin.

488. — *An XI, 3 germinal et 29 fructidor.*

Reçus de Mᵐᵉ de Lascaris Vintimille, née Forbin, en faveur de son rère, pour la pension annuelle de 3.000 livres qu'il lui devait. Fait à Avignon.

489. — *An XI à 1834.*

Créance de Jean-Baptiste-Ignace-Isidore, marquis de Forbin des Issarts et de ses héritiers, contre Jacques Clément, marquis de Graveson, en vertu de l'acte de vente de la terre de Graveson, passé le 25 juillet 1698 devant Claude Marin, notaire à Tarascon, par Ignace d'Amat, grand'père de M. de Forbin.

Bordereaux de créance hypothécaire, du 7 thermidor, an XI, du 23 juillet 1813 et du 17 février 1834.

Reconnaissance et rénovation du 23 décembre 1816, Poncet, notaire à Avignon, 2 exemplaires.

Signification de cet acte, le 20 juillet 1822. Monier, huissier à Tarascon.

490. — *1804, 1ᵉʳ juin.*

Lettre d'Henri de Forbin. — Il y parle des Issarts, où il a passé une partie de son enfance. — Inachevée.

A la suite, une note sur un capital dû par M. de Clément, acquéreur de la terre de Gravezon, aux héritiers de M. d'Amat de Gravezon (11 juillet 1701, Vaugier, notaire à Arles). La fin de la note, écrite sur une autre feuille, manque.

491. — *An XII, 18 nivôse, 6 fructidor.*

Reçus, en faveur de M. Izidore (sic) Forbin, de la pension de 96 l. 5 s. qu'il faisait à la métropole d'Avignon. Fait à Avignon.

492. — *An XIII, 26 nivôse.*

Arrêté du Préfet des Bouches-du-Rhône portant compensation d'une pension de 12 francs dûe aux ci-devant Minimes d'Arles par Jean-Baptiste-Ignace-Isidore Forbin, comme représentant de Marie-Françoise Amat Graveson, « avec les sommes que la République a retirées de la vente de plusieurs de ses propriétés, » montant à 423.000 francs. Le titre primitif était du 5 mai 1708, notaire Aulanier à Arles. Fait à Marseille.

493. — *1808, 26 février.*

Constitution d'une pension de 35 francs au capital de 700 francs, faite par Jean-Baptiste-Ignace-Isidore de Forbin, en faveur d'Antoine Audibert, cultivateur à Orpierre (Hautes-Alpes). Fait à Avignon, Poncet, notaire.

Quittance du capital et des intérêts, 15 avril 1837, à Avignon, Barbeirassy, notaire.

494. — *1809, 15 janvier.*

Rénovation d'une pension de 100 l., au capital de 2.000 l., faite par Jean-Baptiste-Ignace-Isidore de Forbin, et Charles-Joseph-Louis-Henri de Forbin, son fils, procureur général de l'hoirie de Magdeleine-Léontine d'Arcussia, sa mère, en faveur de J.-P. Almaric, menuisier à Avignon. L'acte constitutif était du 1er février 1790, en faveur d'Anne-Thérèse Provane de Scarnasis. — Fait à Avignon, Poncet notaire.

Formule exécutoire rectifiée par Barbeirassy, notaire à Avignon, le 6 septembre 1822.

Bordereau d'inscription hypothécaire à Uzès, 11 septembre 1822.

495. — *1809, 19 août.*

Reçu de 7.775 l. donné par Alexandrine de Forbin à son père. Elle se charge de payer deux dettes, l'une de 3.000 l., l'autre de 1.219 l. 3 s. Fait double à Avignon.

Olographe. — Approbation et signature autographe de M. de Forbin.

496. — *1810, 10 avril.*

Arrêté du préfet de Vaucluse, sur la compensation des rentes dûes par Jean-Baptiste-Ignace-Isidore Forbin à divers établissements, avec le prix de la vente révolutionnaire de ses biens. Fait à Avignon.

497. — *1812, 2 janvier.*

Avertissement pour le paiement des contributions directes de M. de Forbin, Isidore, Père.

Fait à Avignon.

498. — *1812, 22 décembre.*

Lettre de Madame Bonnety d'Esparron; elle envoie à M. de Forbin père un reçu de 1.500 l. de M. de Sinéty, accompte des 3.000 livres dûes à Mme de Lordonné, grand'mère de Mme de Sinéty. — Mention, dans la lettre d'Henry et d'Alfred de Forbin, fils et petit fils de M. de Forbin. — D'Aix.

499. — *1818, 5 juin.*

Reçu donné par Mlle Marie Delny de la somme de 18,830 francs, plus les intérêts, dûs par Joseph-Henri-Charles-Louis, marquis de Forbin, suivant un acte du 21 septembre 1812 ; Pioch, notaire à Marseille.

500. — *1821, 13 septembre.*

Reçu de 790 francs, ou 800 livres tournois, pour huit annuités de deux pensions, l'une de 60 livres, l'autre de 40, donné par Rolland, notaire à Avignon, au nom de M. de Siffredy, au marquis de Forbin des Issarts. — Fait à Avignon.

501. — *1829, 19 novembre.*

Reçu de 100 francs, en faveur du marquis de Forbin des Issarts, pair de France, pour un legs de pareille somme fait par Alexandrine de Forbin, sa sœur, à la fabrique de Saint-Agricol. Signé, Bertrandy, trésorier. Fait à Avignon.

502. — *1829.*

Compte des sommes payées pour les legs faits par Alexandrine de Forbin, et pour frais divers à l'occasion de sa succession.
Note non signée, ni datée.

503. — *1830, 1er février.*

Reçu donné par M. Joseph de Bertrand, en qualité de trésorier de l'Église Saint-Agricol, de 2.716 fr. 50, équivalant à 2.750 l. t., provenant de l'acte consenti par Madeleine-Thérèse de Tache, épouse de Jean-Baptiste-Renaud de Forbin de Barthèlemy de Galéan, conjointement avec son mari et Marc-Antoine de Tache, son père, le 7 août 1724, Fellon, notaire, — et remboursé par Joseph-Henri-Charles-Louis, marquis de Forbin des Issarts, pair de France, etc. — Fait à Avignon, Barbeirassy, notaire.

504. — *1831, 10 septembre.*

Emprunt de 5.000 francs, fait par Marie-Gabrielle-Adélaïde de Fogasse de Labastie, épouse de Joseph-Charles-Louis-Henri, marquis de Forbin des Issarts, maréchal de camp, et sa procuratrice suivant acte du 8 juin 1814. Fait à Avignon, Jeaume notaire.

505 — *1831, 2 novembre.*

Titre nouvel d'une rente perpétuelle de 98 fr. 75 (100 livres tournois), résultant du legs fait à l'œuvre de la miséricorde (bureau général de charité ou de la bienfaisance) d'Avignon, par Jeanne de Tache, veuve du comte de Brancas-Rochefort, dans son testament du 30 mai 1766, — consenti par Marie-Gabrielle-Adélaïde de Fogasse Labastie, épouse et mandataire de Joseph-Henri-Charles-Louis, marquis de Forbin des Issarts, maréchal de camp, ancien pair de France, suivant sa procuration du 12 février 1821, Quantin, notaire à Lyon.

Fait à Avignon, Barbeirassy, notaire ; — 1re grosse.

506. — *1832.*

Plusieurs notes, reconnaissances et comptes, datant du séjour à Lyon du marquis de Forbin des Issarts (avant l'expédition de Madame la Duchesse de Berry).

507. — *1833, 17 avril.*

Titre nouvel consenti par Joseph-Henri-Charles-Louis, marquis de Forbin des Issarts, maréchal de camp, en faveur de Mme J.-J. d'Albert, épouse de M. J.-M. des Ramades, d'une rente de 140 francs, au capital de 4.000 francs, constituée par François-Palamède, marquis de Forbin Sainte-Croix en faveur de J. Guyon, évêque de Cavaillon, décédé archevêque d'Avignon, de Louis Guyon, prêtre, et de Jean-Baptiste

Guyon, abbé de Crochans, par acte du 26 mai 1724, Fellon, notaire à Avignon. — Fait à Avignon, Jeaume, notaire.
Y joint un bordereau de créance hypothécaire, 5 février 1842.

508. — 1833, 7 octobre.

Obligation de 60.000 francs, consentie par la marquise de Forbin des Issarts, au nom de son mari, en faveur de César-Auguste-Joseph de Joannis, marquis de Verclos. — Fait à Avignon, Jeaume et Barbeirassy, notaires.
Reçu du marquis de Verclos, de 45.000 francs, 6 décembre 1837.
Reçu du marquis de Verclos, de 15.000 francs, 4 février 1841.
Quittance d'intérêts, 20 avril 1838.
Consentement à la radiation de l'inscription hypothécaire, 9 février 1841.

509. — 1841, 13 février.

Quittance en faveur du marquis de Forbin des Issarts d'un capital de 2.000 l. t., avec les intérêts dûs, ensemble 2.370 francs, provenant d'un acte consenti le 1er février 1790, par Jean-Baptiste-Ignace-Isidore, comte de Forbin des Issarts, et Madeleine-Léontine d'Arcussia, sa femme, en faveur de Thérèse Latouche, Poncet, notaire à Avignon. — Fait à Avignon, Barbeirassy, notaire.

510. — 1842, 9 février.

Remboursement d'un capital de 3.950 francs (4.000 livres tournois) emprunté par le marquis Jean-Baptiste-Renaud de Barthèlemy de Forbin Sainte-Croix, à MM. de Guyon, fait par la marquise de Forbin des Issarts, au nom de son mari. — Fait à Avignon, Barbeirassy, notaire.

XII

PIÈCES DIVERSES

---

511. — *1669, 10 avril.*

Sentence de maintenue de noblesse pour Laurent de Forbin, marquis de Janson, etc., Pierre de Fourbin, seigneur de la Roque, etc., Jean-Baptiste de Forbin, seigneur de Turris, François-Louis de Fourbin, seigneur de la Barben, etc., François de Fourbin, baron de la Marthre et Louis de Fourbin, son frère, Jean-Baptiste de Fourbin, baron d'Oppède, Henry de Fourbin, seigneur de Sainte-Croix, Jean de Fourbin, marquis de Souliers et Gaspard-Louis-François, et Claude de Forbin, seigneurs de Gardanne, etc. Fait à Aix.

N° 1375, C. S.-M.

512. — *1737.*

Consultation pour Marie-Madeleine du Moustier, dame de Lagnes, contre Marie-Yolande du Moustier, marquise de [Forbin] la Barben. Teste, avocat. — En latin.

513. — *1779, 29 juillet.*

Lettre du curé de Chonas au comte de Forbin, sur la première communion de Palamède de Forbin, son fils aîné, faite durant une grave maladie. On y mentionne aussi Léon de Forbin, frère cadet du précédent. De Chonas.

514. — *1785-1805.*

Pièces diverses relatives aux affaires de l'hoirie d'Arcussia, gérées par le comte de Forbin des Issarts.
(Reçus, mémoires, conventions).

515. — *1786 (?).*

Partage des tableaux du comte d'Arcussia entre Madeleine-Léontine d'Arcussia, comtesse de Forbin, sa fille, et les enfants de la marquise de Lubières, son autre fille.

Plusieurs projets ; l'un écrit par le comte de Forbin, gendre de M. d'Arcussia.

Un certain nombre de ces tableaux sont aujourd'hui avenue Gabriel ou aux Issarts.

516. — *1897, 7 octobre.*

Lettre du P.? au comte de Forbin, à Florence. Il y est question de son retour éventuel en France, du mariage de Sabine de Forbin [comtesse d'Averton] et de la mort de Félix de Forbin.

517. — *1806-1812.*

Lettres des ducs de Crillon et de Mahon à Isidore et à Henri de Forbin.

Duc de Mahon, s. d., sur la banque de Gênes.

Duc de Crillon, 21 juillet 1806, de Caudebec, sur ses propriétés du Midi.

Du même, 1er août 1806, sur l'ostensoir qu'il offre à la paroisse Saint-Didier.

Duc de Crillon Mahon, s. d., sur l'entrée éventuelle d'Amédée de Forbin au service de l'Espagne.

Du même, 6 avril 1812, de Madrid, sur ses affaires de France (*duplicata*).

518. — *1812, 27 décembre.*

Compte rendu devant M. Bon, juge commissaire, par Henri de Forbin à M. Louis Balbe Berton de Crillon, duc de Mahon, son cousin, dont il avait longtemps géré les affaires en France. Fait à Avignon.

519. — *1815.*

Notice sur la maison de Forbin, par Maury, avocat. — Imprimé.

520. — *1816, 24 janvier, 1878, 8 décembre.*

Lettres de M. de Kerdanet, député du Finistère, et de M. Pothier de Courcy, sur une soi-disant branche de la maison de Forbin qui aurait été établie en Bretagne au xive siècle. M. de Courcy n'admet pas son existence.
Originaux olographes.

521. — *1817, 25 décembre.*

Lettre du ministre de l'intérieur au marquis Forbin des Issarts : il autorise la substitution de Roger [Odon de Forbin] à son frère Alfred, comme pensionnaire pendant les cinq années durant lesquelles celui-ci devait encore le rester. Signé Laîné. Fait à Paris.

522. — *1817 à 1820.*

Taxes des lettres reçues par la marquise de Forbin, Mme Alexandrine de Forbin, Mme de la Bastie, Mme d'Averton, née Forbin.
20 reçus.

523. — *1820, janvier.*

Liste des parents et amis [à qui il faut écrire] pour morts et mariages.
3 pièces.

524. — *1835 et suiv.*

Divers actes relatifs à un procès pour la succession de la duchesse de Brancas, signifiés à la marquise de Forbin des Issarts, née de la Bastie, comme parente.

525. — *1838-1844.*

Papiers divers, relatifs au comte Alfred de Forbin.

526. — *1839, 3 octobre.*

Lettre de M. de Fauvau au marquis de Forbin des Issarts sur le buste (1) que sa sœur faisait de lui. Indications sur la manière de le placer, etc. — De Florence.

527. — *1846-47.*

Dossier du procès intenté par le marquis de Forbin des Issarts contre Marie Terrasson, qui prétendait se nommer Marie-Anaïs-Ernestine de Forbin, et être fille du comte Alfred de Forbin des Issarts.
Lettres, actes judiciaires, jugement condamnant Marie Terrasson, comptes rendus de journaux.

528. — *1849, 15 juillet.*

Simple mais sincère hommage porté à Monsieur le Marquis Henry de Forbin, le jour de sa fête, 15 juillet 1849, par son humble serviteur Eugène Bovet.
Pièce de vers.

---

(1) Ce buste est maintenant dans le salon des Issarts.

529. — *s. d. (15 juillet 1849?)*

Nell'onomastico Giorno dell'illustrissimo Signore, il signor Enrico, marchese di Forbin, etc., attestato di esultazione, amor figliale, gratitudine et riconoscenza.

530. — *1854, 28 septembre.*

Lettre de M. Ducos, ministre de la marine, au marquis de Verclos, député au corps législatif. Le jeune [Arthur de] Forbin des Issarts, son petit-fils, n'a pu être compris parmi les candidats admissibles à l'école navale. De Paris.

Papiers Verclos, aux Issarts.

531. — *1857.*

Catalogue des papiers de la famille de Fogasse de la Bastie, par P. de Forbin (Henri-Palamède, comte de Forbin des Issarts).
Une centaine d'articles.

532. — *1866, 23 avril.*

Estimation et partage en deux lots du mobilier de l'hôtel la Bastie, à Avignon; le 1er lot est attribué au comte Odon de Forbin, et le 2e au marquis de Forbin. Fait à Avignon, et signé Barbenton.
Copie du 2e lot.

533. — *1868.*

Catalogue des papiers et documents relatifs à la maison de Forbin, provenant de l'hôtel de la marquise de Forbin, née La Bastie, à Avignon. Ecrit par son petit-fils, Henri-Palamède.
Cet ouvrage énonce environ 500 pièces, maintenant pour la plupart réunies en volumes, et concernant les maisons de Forbin, de la Bastie, d'Arcussia, d'Amat, de Brancas, etc.
— Un autre catalogue, s. d., de 84 numéros, écrit par le même.

534. — *1868, octobre.*

État des papiers [concernant les terres] de Fos, tels qu'ils se trouvent classés à Avignon dans les archives de M. le comte Odon de Forbin des Issarts. Dans plusieurs des actes énumérés (quelques-uns sont cités partiellement), figurent Catherine et Marguerite de Forbin, femmes de Robert de Porcellet et de Jean de Romieu, et dames de Fos.

On y a joint :

1° l'inventaire des pièces envoyées au marquis de Lubière en mars 1869 (relevé de la main du comte O. de Forbin) ;

2° l'état des pièces remises par le marquis de Forbin à l'étude Baille, 2, rue Pont-Moreau, à Aix, dressé par l'étude ; — avec 2 lettres de M° Baille.

TABLE DES MATIÈRES

	Nos
I. — Mariages	1
II. — Naissances, baptêmes	29
III. — Testaments	45
IV. — Décès et sépultures	75
V. — Lettres-patentes, brevets, ordonnances de Palamède de Forbin, députations, diplômes, emplois, etc.	90
VI. — Evêques, prêtres, chanoinesses et religieuses	177
VII. — Chevaliers de Malte. — Officiers	194
VIII. — Conventions, donations, partages, etc. Livres de comptes et de raison	272
IX. — Biens fonciers : Les Issarts	332
X — Biens fonciers : Ste-Croix, St-Roman, hôtel d'Avignon, etc.	375
XI. — Capitaux, pensions, comptes, etc.	423
XII. — Pièces diverses	511

Imprimerie P. Mouillot, 13, quai Voltaire.

www.ingramcontent.com/pod-product-compliance
Lightning Source LLC
Chambersburg PA
CBHW060145100426
42744CB00007B/910